Graham Kendrick

ANBETUNG
als Lebensstil

GRAHAM KENDRICK
ANBETUNG
ALS LEBENSSTIL
Projektion J

Dieses Buch erschien bislang unter dem Titel:
Anbetung

Titel der Originalausgabe:
Worship

ISBN 3-89490-261-2

Auf der Grundlage der neuen Rechtschreibregeln.

Die Bibelstellen wurden der Zürcher Bibel
und der Luther-Übersetzung von 1984 entnommen.

Übersetzung: Agentur für Gemeindeaufbau und Publizistik / Gabriele Niemz
Bearbeitung: Karoline Kuhn
Umschlaggestaltung: Hanni Plato
Umschlagfotos: Image Bank, Bavaria
Satz: Die Feder GmbH, Wetzlar
Druck und Verarbeitung: Ebner Ulm

5 6 7 01 00 99

Den Frauen in meinem Leben gewidmet –
meiner Frau Jill
und meinen Töchtern Abigail, Amy und Tamsin

INHALT

Kapitel 1

Gottes Wahrheit feiern

Vor wem verstecken wir uns eigentlich?

Für den kleinen Jungen sollte es der erste Gottesdienstbesuch seines Lebens sein. Man zog ihm ordentliche Kleider an und verpasste ihm einen Scheitel. Mit der Ermahnung zu gutem Benehmen – was wohl so viel bedeuten sollte wie „den Mund halten und nicht zappeln" – ging es zur Kirche, deren Glocken schon einladend zu läuten begonnen hatten.

Der Junge war fasziniert von dieser sonderbaren Welt: die gedämpften Stimmen, das hohe Gewölbe, der leicht muffige Geruch und die leeren Holzbänke. Aber waren sie wirklich leer? Nein, hier und da war ein Hut, ein Hinterkopf, ein paar gekrümmte Schultern.

Leise führte ihn seine Mutter zu einer dieser dunklen, tunnelähnlichen Reihen, kniete sogleich nieder und neigte den Kopf; unwillkürlich ahmte er sie nach. Die Stille währte nur noch wenige Sekunden, dann hallte laut und klar die Frage durchs Gewölbe, die das junge Gemüt so sehr beschäftigte: „Mami, vor wem verstecken wir uns eigentlich?"

Die peinliche Stille, die folgte, und die Strafe, die dem Kleinen blühen sollte, bleiben besser der Vorstellungskraft des Lesers überlassen; aber es lohnt sich, über seine Analyse dieser Situation nachzudenken.

Vor wem versteckten sie sich eigentlich, oder besser: Warum vermittelte das Benehmen der Kirchenbesucher dem kleinen Jungen diesen Eindruck? Zweifellos hörte der Junge später im Gottesdienst (falls er nicht schon vorher hinausgeschickt worden war) einige Lieder, die Schriftlesung, eine Predigt, liturgische Wechselgebete usw., aber ich frage mich, ob sein erster Eindruck nicht bis zum Ende des Gottesdienstes blieb. So viel ist sicher: Er verließ das Gebäude weder mit dem Gefühl der Ehrfurcht vor dem Erlebnis der Nähe Gottes, noch wird er Begeisterung für spontanen Lobpreis verspürt haben. Ich bin sicher, dass er während des Gottesdienstes nicht in fröhliche Gesichter blicken und beobachten konnte, wie traurige Menschen von ihren Sorgen befreit wurden und im Austuasch dafür Glück, Frieden und Ruhe bekamen. Ich bin auch ziemlich sicher, dass der Junge am Ende eher gelangweilt war und sich fragte, was er wohl zwischenzeitlich im Fernsehprogramm verpasst haben mochte.

Ich kann mich noch gut an meine eigene Kindheit erinnern, wo der Sonntagvormittag meist eine reine Geduldsprobe war. Ich sehnte das Ende des Gottesdienstes herbei. Ich beobachtete, wie der Staub im Sonnenlicht tanzte. Oder ich kratzte mit meinem „Kollektengroschen" am Lack der Vorderbank herum. Das Problem war einfach, dass nie etwas geschah, nur die vorgeschriebenen Dinge, aber nichts Unerwartetes oder Ungewöhnliches – außer, dass vielleicht ab und zu mal jemand ohnmächtig wurde oder einen Stapel Gesangbücher umwarf.

Ein Gott, der nichts tut?

In den vielen Jahren, in denen ich zur Kirche ging, habe ich eine Menge über Gott und die Bibel gelernt, und ich täte nicht gut daran, die wichtigen Wahrheiten zu unterschätzen, die ich in dieser Zeit verstandesmäßig begriff. Doch gleichzeitig setzte sich in mir – im totalen Widerspruch zu meinen erklärten Glaubensgrundsätzen – unbewusst die Überzeugung fest, dass Gott eigentlich nie etwas tut. Bestimmt hatte er früher einmal etwas getan und zweifellos handelt er auch heute noch – im Ausland, durch Missionare und im Leben von Menschen, die dann Bücher darüber schreiben. Dass Gott aber jemand ist, der hier und jetzt etwas tut, der mein Leben beeinflussen und verändern kann – dieser Gedanke war mir völlig fremd.

Als ich viele Jahre später meinen geistlichen Hunger endlich gestillt haben wollte, da war meine größte Blockade dieser Unglaube, der aus zwanzig oder mehr Jahren der scheinbaren göttlichen Untätigkeit resultierte. Ich war überzeugt, dass in meinem Leben nie etwas Göttliches geschehen könnte.

Eine himmlische Kostprobe

Kehren wir für einen Moment zu unserem kleinen Jungen zurück und schauen wir uns an, wie die erste Begegnung mit Kirche hätte aussehen sollen. In 1. Petrus 2,9 lesen wir: „Ihr aber seid das auserwählte Geschlecht, die königliche Priesterschaft, das heilige Volk, das Volk des Eigentums, damit ihr die herrlichen Taten dessen verkündigt, der euch aus der Finsternis zu seinem wunderbaren Licht berufen hat." Hier sehen wir etwas von dem wunderbaren Plan Gottes für seine Gemeinde. Er hat uns erwählt, hat uns in eine Position erhoben, die über unsere Vorstellungskraft geht, und hat uns zu einem bestimmten Zweck als ein Volk zusammengerufen. Wir sollen seine Größe verkünden, sein Lob ausrufen.

Für viele Christen sieht es so aus: Nachdem ihre Sünde vergeben ist und sie sich mit ihrer Hinwendung zu Christus die „Eintrittskarte" in den Himmel gesichert haben, stecken sie sich diese Karte in die Hosentasche und bleiben darauf sitzen, bis sie ihr endgültiges Ziel erreicht haben. So verbringen sie ihre geistliche „Busfahrt" und vertreiben sich die Zeit damit, dass sie hin und wieder aus dem Fenster schauen oder ein Schwätzchen mit Reisegefährten halten.

Zum Glück wird diese passive Einstellung gegenüber der Errettung immer seltener und das Verständnis dafür wächst, dass Gott unsere ganze Persönlichkeit und unsere Beziehungen heilen und schließlich die ganze Schöpfung erneuern will. Die Bibel zeigt uns das in schöner Eindeutigkeit. Besonders in der Offenbarung des Johannes lesen wir von einer völlig neuen Ordnung, die sich nicht nur auf Geistliches beschränkt, sondern alle Bereiche umfasst. Millionen erlöster Menschen und unzählige Engel sind dort beschrieben, die einzig und allein damit beschäftigt sind, Gott anzubeten. In Offenbarung 19,5–7 lesen wir:

„Und eine Stimme ging aus vom Throne, die sprach: Lobet unsern Gott, alle seine Knechte, die ihr ihn fürchtet, die Kleinen und die Großen! Und ich hörte etwas wie die Stimme einer großen Menge und wie die Stimme starker Donner, die sprachen: Halleluja! Denn der Herr, unser Gott, der Allmächtige, hat die Herrschaft angetreten. Lasset uns fröhlich sein und frohlocken und ihm die Ehre geben!"

Eine herrliche Bestimmung

Anbetung ist also unser Ziel – und gleichzeitig sollte sie unser Leben schon auf der Reise dorthin prägen. Unsere Anbetung und unser Lobpreis beginnen nicht irgendwann einmal, sondern jetzt! Sie werden nur vollkommener, wenn wir unser Ziel erreicht haben. In Epheser 1,11–12 lesen wir:

„Und in ihm sind wir auch zu Erben gemacht worden, vorherbestimmt nach der zuvor getroffenen Entscheidung dessen, der alles nach dem Ratschluß seines Willens wirkt, damit wir zum Lobe seiner Herrlichkeit gereichen, die wir unsere Hoffnung zum voraus auf Christus gesetzt haben."

Genau zu diesem Zweck sind wir von Gott selbst erwählt, vorherbestimmt, geplant und gewollt!

Im Kleinen Westminster-Katechismus, der diese und andere Schriftstellen zusammenfasst, heißt es: „Des Menschen Hauptziel ist es, Gott zu verherrlichen und sich für immer an ihm zu erfreuen."

Es ist fesselnd, über das Wesen unserer zukünftigen himmlischen Tätigkeit nachzudenken. Wir können allerdings nur so damit beginnen, dass wir Vergleiche zu Dingen ziehen, die uns vertraut sind. Aber es ist schon ein Vorgeschmack, eine Art Anzahlung auf die künftige Herrlichkeit. Epheser 1,13–14 sagt weiter:

„In ihm habt auch ihr, nachdem ihr gläubig geworden seid, das Siegel empfangen durch den heiligen Geist, der verheißen ist, der das Angeld unseres Erbes ist für die Erlösung seines Eigentums zum Lobe seiner Herrlichkeit."

Ein Freund von mir wurde gefragt, warum er bei der Anbetung Gottes tanze, und er sagte: „Ich tanze, weil ich nicht fliegen kann!" Wenn wir meinen, dass wir hier unten schon aus Sicherheitsgründen unsere Schuhsohlen am Boden annageln sollten, was mag uns dann in Zukunft erwarten! Vielleicht gibt es dann Arbeitsstellen für himmlische Fluglotsen? Dann könnten Leute wie mein Freund ihren Wunsch verwirklichen. Ich kann mir vorstellen, dass es ähnlich ist, wenn die Heiligen ihrem Herrn bei seinem zweiten Kommen begegnen.

Heute muss es uns darum gehen, für den Himmel bereit zu werden und hier auf Erden himmlische Praktiken einzuüben. Wenn wir dazu bereit sind, dann können wir auch wahrhaftig beten: „Dein Reich komme, dein Wille geschehe wie im Himmel so auf Erden."

Wir sollten nicht länger auf konfessionelle Unterschiede, Frömmigkeitsstile oder Traditionen fixiert sein, sondern uns auf den offenbarten Willen Gottes konzentrieren, „damit ihr die herrlichen Taten dessen verkündigt, der euch aus der Finsternis zu seinem wunderbaren Licht berufen hat".

Was Anbetung auszeichnet

Was heißt das nun praktisch: seine herrlichen Taten verkünden? Wird diese Aufforderung in unseren Gottesdiensten erfüllt? Wir Briten beherrschen – trotz traditioneller Reserviertheit und gefühlsmäßiger Zurückhaltung – eine Sache ausgezeichnet: Zeremonien und Pomp. Wie zum Beispiel die Hochzeit von Prinz Charles und Lady Diana oder auch die Beerdigung von Diana zeigte, sind wir hierin echte Experten. Je höher der Stand der beteiligten Personen ist, umso bedeutsamer ist auch das Ereignis und um so prächtiger muss die Feier ausfallen.

In unseren Familien und im Gesellschaftsleben handeln wir nach dem gleichen Prinzip. Die Soldaten, die aus dem Falkland-Krieg zurückkehrten, wurden mit Spruchbändern, Gesängen und Beifallsrufen in ihrem Rathaus oder auf den Vorstadtstraßen willkommen geheißen. Hochzeiten werden als besondere Ereignisse riesig und aufwendig gefeiert, und das Brautpaar wird von stolzen Eltern reich beschenkt. Man macht Feste zur Begrüßung neugeborener Babys und gratuliert den Eltern überschwänglich. Schulabsolventen werden gefeiert und zu ihrem Erfolg beglückwünscht. Bei Fußballspielen gar sind alle ganz wild vor Aufregung, wenn sie die Siegermannschaft umjubeln, den Held des Spieles in einer Siegesparade auf ihre Schultern heben und bis zur Erschöpfung feiern und tanzen. Irgendwie fühlen wir, dass das Lob der Wichtigkeit der Person, ihrer Errungenschaft oder dem Ereignis angemessen sein sollte – auch wenn es nur darin besteht, dass 22 Männer ein rundes Etwas aus aufgeblasenem Leder über eine matschige Wiese schießen.

Genau das gleiche Prinzip ist – in weitaus höherem Maße – gegenüber Gott, unserem Schöpfer, angemessen. Das, was wir auf Erden feiern, ist oft des Lobes unwürdig. Gott aber ist wirklich der Anbetung seiner ganzen Schöpfung würdig. Er wäre dessen sogar würdig, wenn er entschieden hätte, die ganze Menschheit endgültig zu verdammen, ohne irgendeine Hoffnung auf Errettung. Doch in seinem Sohn schenkte er uns seine ganze Liebe.

Grundsätzlich gilt also, dass unsere Anbetung ihrem Gegenüber entsprechen sollte. Ich sage „sollte", denn auch wenn wir die ganze Ewigkeit nutzen würden, um Gott zu preisen, würde dies nie dem Wesen Gottes gerecht werden können. Jedes neue Äon wird noch etwas mehr Jubel über den neuen Himmel und die neue Erde verbreiten – bis in die letzten Winkel der Schöpfung hinein.

Läuft nicht etwas völlig falsch, wenn wir in der Kirche regelmäßig gelangweilt sind? Meinen wir wirklich, dass die einzig angemessene Weise, Gott anzubeten, darin besteht, strikt einer starren Liturgie zu folgen? Passt dies auch nur entfernt zu unserem lebendigen Gott? Ist er nicht endlos kreativ? Ja, Gott ist „derselbe gestern, heute und in Ewigkeit". Doch eine seiner unveränderlichen Eigenschaften besteht darin, dass er immer für eine Überraschung gut ist! Wenn die Gegenwart Gottes in unserer Anbetung erkennbar ist, dann hat das Konsequenzen: Die Verehrung des heiligen Herrn einer geordneten Schöpfung ist dann nicht mehr genug. Zu echter Anbetung gehört auch ein Gefühl des Unerwarteten, das Gottes endlose Kreativität widerspiegelt.

Für viele ist der Gott, der angebetet wird, lediglich ein Stück Vergangenheit, das fein säuberlich in eine Schachtel unseres vorherbestimmten Musters paßt und, zur großen Erleichterung vieler, niemals etwas auch nur entfernt Unerwartetes tut und auch niemals seine Diener veranlasst, über das hinauszugehen, was menschlich erklärbar ist. Dieser Gott ist jedoch nicht der Gott der Bibel.

Lügen über Gott

Ich wage zu behaupten, dass viele unserer Gottesdienstmuster und -praktiken Lügen über Gott erzählen. Könnte es nicht ein trauriges Resultat des Absterbens der Anbetung gewesen sein, dass vor vielen Jahren Friedrich Nietzsche ausrief: „Gott ist tot"?

Gott ist nie gestorben. Wer kann aber die Agnostiker und Atheisten für so eine Feststellung tadeln, wenn sie die Gottesdienste beobachten, deren Bestimmung sein sollte, „die herrlichen Taten dessen zu verkünden, der euch aus der Finsternis in sein wunderbares Licht gerufen hat"? A. W. Tozer sagte so richtig: „Eine Kirche trifft mehr Schuld, weil sie nicht erweckt werden will, als die Welt, die nicht bekehrt werden will." Wir können uns nicht mit Unwissenheit entschuldigen.

Es gibt noch viele andere Lügen über Gott, die dadurch verbreitet werden, dass man Christen bei der „Anbetung" beobachtet. Am liebsten möchte ich sie gar nicht nennen, weil es solche üblen Lügen sind, wie zum Beispiel: „Gott ist langweilig", „Gott ist belanglos", „Gott ist kraftlos".

Es wird Zeit, dass wir in unserer Anbetung die Wahrheit über Gott demonstrieren und die Lügen dahin zurückschicken, woher sie gekommen sind.

Kapitel 2

Was ist Anbetung?

Eigentlich sollte man meinen, dass Anbetung für jeden Christen von grundlegender Bedeutung ist. Doch überraschenderweise wissen die meisten Christen sehr wenig über dieses Thema. Die Meinungen gehen schon darüber auseinander, was eigentlich unter Anbetung zu verstehen ist. Ist Anbetung ein sonntägliches Ritual? Oder ein glückliches Gefühl, das uns jubeln und singen lässt? Oder eine Aktivität für Christen, die sich allzu sehr von ihren Emotionen bestimmen lassen? Ist Anbetung ein Sammelbegriff für all das, was im Gottesdienst vor der Predigt geschieht? Oder ist es vielleicht das Heruntersingen immer derselben beliebten Lieder? Sollte Anbetung laut oder leise sein, sollte sie mit Orgel oder Chor, mit Schlagzeug oder Gitarrenbegleitung geschehen?

Die Meinungen darüber, wie Anbetung gestaltet werden sollte, unterscheiden sich offensichtlich von Gruppe zu Gruppe. Mir scheint dabei bemerkenswert, dass es bei den Diskussionen sehr häufig um persönliche Vorlieben geht. Der eine zieht traditionelle Choräle vor, der andere singt lieber neue Lieder. Ein Dritter besucht den Gottesdienst nur, wenn ein Gebetsbuch von 1662 benutzt wird; und der Nächste kommt nicht, es sei denn, er findet Gelegenheit, die Hände zu heben und zu tanzen; das wiederum hält seine Frau davon ab, mitzugehen! Ein neutraler Beobachter mag dabei leicht zu der Überzeugung kommen, dass Anbetung vor allem ein Ziel hat: der Befriedigung der Teilnehmenden zu dienen.

Anbetung aber ist im Kern für Gott. Er ist unser Schöpfer und er hat ein Anrecht darauf, dass seine Geschöpfe ihn anbeten. Gott hat Freude an unserer Anbetung – wobei das Wunderbare ist, dass wir, indem wir ihm Freude bereiten, selbst eine der schönsten und heilsamsten Erfahrungen unseres Lebens machen. Es wäre Gottes gutes Recht, unseren Lobpreis zu verlangen, ohne dass wir selbst dabei Freude empfinden; doch Gott will, dass Anbetung ein gegenseitiges Geben und Nehmen ist, und das finde ich herrlich. Tragisch ist allerdings, wenn die Befriedigung unserer Wünsche zum alleinigen Gegenstand des Gottesdienstes wird. Unser wichtigster Beweggrund muss sein, dem Einen, der der Grund unserer Anbetung ist, Freude und Ruhm zu bereiten.

Anbetung bedeutet, dass Gott sich über uns freut und wir uns über ihn freuen. In Psalm 149,2–3 lesen wir: „Es freue sich Israel seines Schöpfers, die Söhne Zions sollen über ihren König frohlocken, sollen seinen Namen loben im Reigen, mit Handpauken und Harfen ihm spielen! Denn der Herr hat Wohlgefallen an seinem Volke."

Für manche von uns ist es eine überraschende Erkenntnis, dass wir Gott Freude bereiten können. Es ist ein wunderbares Geheimnis, dass jeder Mensch, egal wer oder was er ist, die Möglichkeit hat, dem Schöpfer des Universums Freude zu bereiten! Wie viele von uns vergessen diese Wahrheit und meinen, für Gott bedeutungslos zu sein. Sie glauben nicht, dass der allmächtige Gott an unseren bescheidenen Gaben auch nur im Geringsten interessiert sein könnte. Und doch ist es eine grundlegende Wahrheit des Evangeliums, dass uns Gott nicht nur vor dem Tod gerettet, sondern uns auch als Kinder in seine Familie hinein adoptiert hat. So sind wir Söhne und Töchter, die eine enge persönliche Beziehung zu ihrem himmlischen Vater haben.

Gott ist unserer Anbetung würdig

Im Englischen stammt das Wort „worship" (Anbetung) aus dem Wortstamm „worthship" (Wert-schaft), der den Wert einer Person oder Sache ausdrückt. Die Echtheit und Tiefe unserer Liebe zu Gott lässt sich in einem hohen Maß an der Intensität unserer Anbetung messen. Wenn wir jemanden schätzen, zeigen wir ihm dies; wir kleiden unseren Dank und unsere Wertschätzung in Worte, wir machen ihm Geschenke und zeigen auf praktische Weise, dass wir ihn mögen. Manchmal hören wir zu Recht den Vorwurf: „Du sagst, du liebst mich, aber du zeigst es nie." Gerede ist billig, aber Taten sprechen lauter als Worte und sind ein Test dafür, ob unsere Worte echt sind.

Vor einigen Jahren machte ich die Entdeckung, dass es im Griechischen insgesamt sieben Wörter gibt, die im Neuen Testament mit „Anbetung" übersetzt werden. Fünf dieser Wörter erscheinen einmal, ein anderes dreimal, aber das letzte ganze 59-mal im Text. Der häufige Gebrauch dieses Wortes, „proskyneo", lässt auf seine Wichtigkeit schließen. Die Grundbedeutung „sich (den Boden küssend) vor jemandem niederwerfen" bezeichnet einmal die äußerliche Handlung, zum anderen die entsprechende innere Haltung voller Ehrerbietung und Demut. Dieser Ausdruck beschreibt wunderschön, wie wir uns dem König der Könige und dem Herrn der Herren nähern sollen; ehrfürchtig, aber ohne Angst, mit Herzen voller Liebe und Dank und mit dem festen Willen, ihm zu gehorchen.

Wo beginnt Anbetung?

Jeder betet etwas an, ganz gleich, ob es sich um Helden, Besitz, Erfolg, Vergnügen, eine politische Ideologie, ein Abbild oder das eigene Ich handelt. Die Art, wie wir leben und uns benehmen, offenbart, was wir lieben und wem wir uns hingeben. Es liegt in unserer Natur, etwas anzubeten, und dieser innere Drang ist von Gott gegeben; doch das Unheilvolle dabei ist, dass wir als Teil einer gefallenen Schöpfung das Objekt unserer Anbetung vertauschen. Sich zu bekehren heißt auch zurückzukehren zur Anbetung des wahren Gottes und alle Rivalen zu entthronen.

In Römer 12,1 schreibt der Apostel Paulus: „Ich ermahne euch nun, ihr Brüder, beim Erbarmen Gottes, eure Leiber als ein lebendiges, heiliges, Gott wohlgefälliges Opfer hinzugeben: euer vernunftgemäßer Gottesdienst."

Anbetung sollte nicht als etwas Abstraktes missverstanden werden; sie betrifft unsere ganze Person. Wem gehöre ich? Wem sollte ich meine körperlichen, geistigen und geistlichen Kräfte weihen?

Ein lebendiges Opfer

Wenn man den Ausdruck „lebendiges Opfer" nur oberflächlich anschaut, kann man leicht den Widerspruch übersehen, der durch das Zusammenfügen der beiden Worte entsteht. Im durch und durch jüdischen Denken des Paulus, geprägt von der Tradition seiner Väter, war ein Opfer natürlich immer tot. Das Tier wurde erst dadurch zum Opfer, dass es getötet wurde; deshalb scheint es widersprüchlich, von einem „lebendigen Opfer" zu sprechen. Meistens war es ein Schaf, dessen Kehle durchschnitten worden war – vor Gott geopfert zur Sühnung der Sünde.

Dies ist nicht die einzige Stelle im Römerbrief, wo Paulus die Begriffe „lebendig" und „tot" Seite an Seite stellt. Im Kapitel 6,11–13 schreibt er: „So sollt auch ihr euch als solche ansehen, die für die Sünde tot sind, aber für Gott leben in Christus Jesus . . . Gebet auch eure Glieder nicht der Sünde zu Werkzeugen der Ungerechtigkeit hin, sondern gebet euch selbst Gott hin als solche, die aus Toten lebendig geworden sind, und eure Glieder Gott zu Werkzeugen der Gerechtigkeit!"

Diese Stelle im Römerbrief ist entscheidend, wenn wir das Wesen der Anbetung verstehen wollen. Gott durchforscht unsere Herzen; er prüft, ob wir täglich unsere eigenen egoistischen Neigungen loslassen und mit der Kraft Jesu erfüllt werden. Wenn das bei uns der Fall ist, dann kann jeder Gedanke, jede Tätigkeit und jede Gefühlsregung ein Akt echter Anbetung werden. Wo eine Gemeinschaft von Christen so lebt, werden ihre Gottesdienste neue Frische und Vitalität annehmen. Die Aufgabe der Leiterschaft wird es dann mehr und mehr sein, den Anbetungsfluss zu lenken und einzuschreiten, wenn Dinge zu entgleisen drohen!

Wir lernen, über die verschiedensten Dinge unseren Lobpreis anzustimmen. Wir berichten einander, wie und was Gott seit unserem letzten Zusammenkommen gewirkt hat, wir werden unterwiesen, wie wir uns gegenseitig mitteilen können. Anbetung muss aber nicht nur in speziellen Treffen geschehen – sie ist genauso viel wert, wenn sie sich in der Liebe einer Mutter und Hausfrau oder in praktischer Gastfreundschaft zeigt oder darin, dass jemand seine Arbeit gut macht (vorausgesetzt, dies alles wird zur Ehre Gottes getan).

Anbetung ist einfach eine besondere Zeit, in der wir unsere ganze Energie und Aufmerksamkeit auf das konzentrieren, was so grundlegend in unserem Leben geworden ist. Ein müder Verstand kann durch Gedanken an Gott erfrischt und befreit werden. Unser Körper, verspannt und erschöpft, nachdem er über einen Schreibtisch, eine Maschine oder das Spülbecken gebeugt war, kann sich entspannen. Wir können aufatmen.

Treffen zu gemeinsamer Anbetung können aufgrund unserer täglichen Verpflichtungen nur gelegentlich stattfinden. Solche Ereignisse, so wertvoll sie sind, sind nur ein Hinweis auf die Tatsache, dass alles im Leben dem Schöpfer gehört und ihm täglich mit Danksagung geopfert wird.

Alles ist Anbetung

Die Echtheit unserer Anbetung kann nicht in Fonstärken gemessen werden. Auch wenn es sehr wichtig ist, dass wir unsere Liebe zu Gott mit unserer Stimme ausdrücken, achtet doch Gott vor allem auf das Zeugnis unseres Lebens. Es kann viel einfacher sein, ein frommes Lied zu singen, als sich von einer Lieblingssünde abzuwenden. Auch Sünde ist eine Form von Anbetung – von pervertierter Anbetung allerdings: Wir dienen unserem Stolz oder unseren Gelüsten. So wird Buße buchstäblich zu einer Rückkehr unserer Anbetung, zurück zu dem, dem sie rechtmäßig gebührt.

Es ist bezeichnend, dass Satan, als er Jesus in der Wüste versuchte, das griechische Wort „proskyneo" gebrauchte (was ja, wie bereits erwähnt, „sich vor jemandem niederwerfen" bedeutet). Er versprach Jesus alle Reiche der Welt, wenn dieser nur niederfallen und ihn anbeten würde.

Anbetung wird häufig als etwas missverstanden, das einem Gefühl entspringt, das eben so über einen kommt oder nicht; doch ist es wesentlich für uns zu verstehen, dass Anbetung in dem bewussten Willensakt verwurzelt ist, dem Herrn zu dienen und zu gehorchen. Aus der Verbindung zu ihm entsteht dann das Gefühl der Freude über seine Liebe, Größe und Vergebung.

In Kolosser 3,23–24 wird uns gesagt: „Was immer ihr tut, daran arbeitet von Herzen als für den Herrn und nicht für Menschen . . . Dem Herrn Christus dienet!"

Wie schwer scheint es uns zu fallen, den Teppichboden zum zehntausendsten Mal zu saugen oder das Geschirr abzuwaschen oder einen weiteren Karton zu heben oder was immer es sein mag, das wir lieber nicht tun würden! Und doch, wenn wir Anbetung ausschließlich auf Gottesdienste und andere christliche Treffen beschränken, laufen wir Gefahr, in einer Art geistlicher Schizophrenie zu leben. Wir verschließen den größten Teil unseres Lebens der Hingabe an den Herrn, der unser ganzes Leben ausfüllen will.

Geben Sie nicht auf!

Anbetung bedeutet letztlich, ein Mensch zu sein, der sich Gott hingibt, indem er – wie ein Toter – keine egoistischen Ansprüche mehr stellt, sondern voll und ganz für Gott und aus seiner Kraft heraus lebt. Natürlich weiß ich, dass dies manchmal unmöglich erscheint – und doch kann Gott uns dahin bringen. Ich tröste mich damit, dass er schon bei weit hoffnungsloseren Fällen als mir erfolgreich war! Auch wenn wir angefangen haben, so zu leben, werden wir nicht über Nacht Erfolg haben; es ist ein lebenslanger Prozess, in dem wir die unerschöpfliche Geduld und Freundlichkeit unseres himmlischen Vaters immer wieder erfahren dürfen. Er nimmt uns, wie wir sind und wo wir sind. Wo sonst könnten wir auch beginnen?

Wie in allen Dingen ist unser bestes Vorbild für Anbetung Jesus selbst. Jeder Atemzug, jede Mahlzeit und jedes Wort in seinem Leben geschah im Bewusstsein der Gegenwart Gottes.

Als Kind hatte ich eine etwas eigenartige Vorstellung von Jesus. Die meisten der Jesus-Bilder, die ich in der Sonntagsschule sah, zeigten einen goldhaarigen, blauäugigen Mann, keineswegs jüdisch aussehend, der dank eines Heiligenscheins um das ganze Gesicht strahlte. Ich kann zwar verstehen, dass die Maler dieser Bilder versuchten, die Göttlichkeit Christi zu verdeutlichen, jedoch blieb in mir das Bild eines europäisch aussehenden Jesus haften, der irgendwie unreal wie eine Märchenfigur wirkte.

Viele Menschen stellen sich Jesus als schwebende Gestalt in weißem Gewand vor, die die Menschen zum Klang ferner Engelschöre segnet. Man hat den Eindruck, dass bei vielen dieser Vorstellungen Hollywood Pate gestanden hat!

Worauf es aber ankommt, ist, dass Jesus ein wahrer Mensch war – und gleichzeitig wahrer Gott. Er legte seine himmlische Herrlichkeit ab, wurde in jeder Beziehung Mensch und ging sogar bis zum grausamen und schmachvollen Tod. Was wir so leicht vergessen, ist seine Erfahrung des Menschseins, seine 30 Jahre in dieser heruntergekommenen, berüchtigten Stadt Nazareth; seine schweißtreibende Arbeit als Zimmermann; die Schnitte und Narben an seinen Händen; die guten und schlechten Mahlzeiten, die er aß; das Spülen des Geschirrs; die tägliche Plackerei ohne all die modernen Bequemlichkeiten, die wir heute genießen! Und dann folgten die drei Jahre mit seinen Jüngern, in denen er manchmal so erschöpft war, dass ihn auch ein Sturm nicht wecken konnte. Mit seinen Freunden erlebte er Zeiten des Genießens und Lachens. Sie aßen zusammen und erzählten sich gegenseitig Geschichten. Als Mensch erlebte er Glanz und Staub, Glück und Tränen, um zuletzt verlassen und verraten zu werden.

Die Frage wurde oft gestellt und ich will sie wieder stellen: War Jesus in dem Moment Gott mehr hingegeben, als er Kranke heilte oder als er sein Frühstück aß? War er seinem Vater wohlgefälliger, als er in der Synagoge predigte oder als er ein Glas Wein mit seinen Freunden genoss? War er heiliger, als er auf dem Berg verklärt wurde und mit Mose und Elia sprach oder als er auf den Boden spuckte, um einen Brei aus Erde zu machen, den er dann auf die Augen eines blinden Mannes rieb?

Anbetung im Alltag

Die Antwort ist, dass sein ganzes Leben ein Akt der Anbetung war, dass auch die alltäglichsten Dinge zum Wohlgefallen seines Vaters geschahen. Sein Vater ließ seine Stimme hören, als Jesus sich von Johannes im Jordan taufen ließ: „Dies ist mein lieber Sohn, an dem ich Wohlgefallen habe." Sicherlich hat er damit nicht nur Jesu Gehorsam bei der Taufe gemeint, sondern auch die 30 Jahre, die Jesus bisher in der Verborgenheit und Alltäglichkeit verbracht hatte.

Welches Ereignis im menschlichen Dasein Jesu zeigt wohl am lebendigsten seine anbetende Haltung?

Die Wahrheit über uns offenbart sich am deutlichsten in Situationen, in denen wir unter starkem Druck stehen. Genauso, denke ich, war das bei Jesus der Fall. Er erlebte die größte Not sicherlich kurz vor seiner Gefangennahme. Die Szene im Garten Gethsemane zeigt, wie er in einen angstvollen Kampf geriet und noch intensiver betete. „Und sein Schweiß wurde wie Blutstropfen, die auf die Erde fallen." Doch ungeachtet der furchtbaren Qualen, die vor ihm lagen, betete er zu seinem Vater: „Doch nicht, was ich will, sondern was du willst."

Diese Szene wurde einmal als das großartigste Beispiel für Anbetung in der ganzen Bibel beschrieben. Gehorsam ist Anbetung und ohne Gehorsam Gott gegenüber können wir ihn nicht in Wahrheit anbeten. Wie enthusiastisch unsere Teilnahme an der Lobpreiszeit im Gottesdienst auch sein mag – wenn wir in der Realität des Alltags nicht im Bewusstsein seiner Gegenwart leben, wird das alles nur verpulverte Energie sein. Wenn wir darangehen wollen, die Formen unserer Anbetung zu verändern, dann muss zunächst eine Voraussetzung erfüllt sein: Wir müssen uns selbst als „lebendiges Opfer" dargebracht haben.

Kapitel 3

Entthronung der falschen Götter

Anbetung ist nicht nur eine Sache von ein paar sonntäglichen Stunden. Es geht auch nicht in erster Linie darum, ob unsere Formen altertümlich oder modern, steif oder enthusiastisch, kreativ oder eintönig sind. Was wir oft verkennen ist die Tatsache, dass Anbetung das Kernstück eines ganzen Lebensstils, einer Herzenshaltung ist. Neue Ausdrucksformen – Musik, Tanz, Schauspiel usw. – garantieren keineswegs, dass unsere Anbetung echt und akzeptabel vor Gott ist und oft laufen wir Gefahr, diese äußeren Formen mit echter Anbetung zu verwechseln.

Sind wir uns über die Konsequenzen dieses Verständnisses bewusst? Das Problem liegt in der allgemeinen Tendenz, unseren Glauben zu „vergeistlichen", anstatt ihn gleich zu seiner praktischen Anwendung kommen zu lassen. Natürlich ist Anbetung, wie der Vater sie möchte, Anbetung „im Geist", aber wir müssen bedenken, dass uns die Bibel als ganze Menschen sieht und demzufolge geistliche Handlungen nie von den „normalen" getrennt werden können. „Geistliche" Aktivität, die in keiner Beziehung zu unserem täglichen Leben steht, kann nicht mehr sein als Gefühlsduselei. Im schlimmsten Fall kann sie sogar zu Heuchelei entarten. (In Kapitel 9 werden wir noch ausführlicher darauf eingehen.)

Geistliche Selbstbefriedigung

Bei dem erwachenden Interesse an kreativen Formen der Anbetung, das wir erfreulicherweise heute erleben, müssen wir uns davor hüten, emotionalen oder ästhetischen Erfahrungen nachzujagen. Um nicht missverstanden zu werden: Ich bin sehr für geistliche Erfahrungen, wenn sie echt sind. Aber wenn solche Dinge zum Ziel unserer Anbetungstreffen werden, dann haben wir das Evangelium auf den Kopf gestellt. Das Evangelium dient zur Errettung der Welt, und wir stehen manchmal in der Gefahr, uns selbst in den „Supermarkt der Erretteten" einzusperren und das Lager der Segnungen zu plündern, während Millionen von Menschen mit leeren Händen an den verschlossenen Türen vorbeigehen, dabei die freudigen Klänge hören und die Reklame sehen, aber nie eine Chance bekommen, die Waren zu probieren.

Anbetung muss in einem größeren Zusammenhang gesehen werden, der die sozialen, wirtschaftlichen und politischen Konsequenzen, die unweigerlich entstehen, mit einbezieht. Anbetung – oder, besser gesagt, fehlgeleitete Anbetung – ist der Kern der Weltprobleme.

Es ist offensichtlich, dass Anbetung nicht nur bei Christen oder Anhängern anderer Religionen vorkommt. Die Praxis der Anbetung ist ein wesentlicher Teil des Menschseins; sogar ein Atheist betet etwas an, denn in uns allen besteht ein Vakuum, das seit dem Sündenfall durch den Verlust der Gemeinschaft mit Gott entstanden ist. Wir sind zur Anbetung geschaffen. Weil wir den, der aller Anbetung würdig ist, abgelehnt haben, setzte die Menschheit ihre traurige Geschichte fort, indem sie Gott durch viele falsche Götter ersetzte und ihnen diente.

Die Götter, die wir anbeten

Die Götter der heutigen westlichen Gesellschaft mögen nicht so klar erkennbar sein wie Götzen aus Holz, Stein oder Eisen, die in Schreinen sitzen oder auf Sockeln stehen (obwohl es erstaunlich ist, wie gut sie in unserem angeblich aufgeklärten Zeitalter überleben). Die Raffinesse unserer modernen Götter macht sie für uns wahrscheinlich noch gefährlicher.

Da gibt es den Gott des Überflusses, dem wir unsere Kraft, Zeit und Gesundheit opfern, damit er uns seine Gunst erweist und uns den hohen Lebensstandard erhält, für den wir uns entschieden haben.

Da gibt es den Gott des persönlichen Glücks, dem wir einen angeblich unpassenden Ehepartner oder andere Verpflichtungen opfern, zu dessen Ehre wir religionsähnliche Übungen von Horoskope lesen bis zu Transzendentaler Meditation praktizieren.

Da gibt es den Gott der Angst, den wir durch Opfer in Form von Beruhigungspillen, Beziehungen oder Versicherungspolicen zu beschwichtigen versuchen.

Da gibt es die Götter der ungerechten Sozialsysteme, denen wir fortlaufend Hilflose und Arme opfern und deren Altäre wir bereitwillig schützen, wenn nötig auch mit militärischen Mitteln.

Diese kurze Auflistung könnten wir beliebig erweitern. Es könnte von Göttern des Nationalismus, des Rassismus, der Kultur, des Stolzes, der Lust und des Ehrgeizes die Rede sein. Es wäre naiv zu meinen, dass wir uns so einfach von diesen Objekten der Anbetung befreien könnten, denn als Teil eines Weltsystems, in dem der eine wahre Gott durch viele ersetzt worden ist, sind wir alle dazu erzogen worden, diesen Göttern zumindest bis zu einem gewissen Grad zu huldigen. Wenn wir uns bekehrt haben, werden die Götter, die mit ganz offensichtlichen Sünden zu tun haben, schnell erkannt und entthront. Die anderen jedoch entgehen leicht unserer Aufmerksamkeit, weil sie mit unserem sozialen, kulturellen und nationalen System so sehr verflochten sind, dass wir sie einfach nicht mehr aussortieren können.

Die Erneuerung des Denkens

Nur wenn wir Gott mit ganzer Seele, ganzem Herzen und ganzem Verstand anbeten und uns ständig um ein klareres

Verständnis seines Wesens bemühen, werden wir die falschen Götter als solche erkennen und stehen immer weniger unter ihrem zerstörerischen Einfluss. Der Text in Römer 12,1 über das Darbieten unserer Körper als lebendige Opfer geht folgendermaßen weiter: „Und richtet euch nicht nach dieser Welt, sondern wandelt euch um durch die Erneuerung des Sinnes."

Jedes Mal, wenn wir uns Zeit nehmen, Gott zu preisen und uns an ihm zu freuen, können wir ein bisschen mehr von den Einflüssen der Welt, die uns umgibt, abschütteln. Nicht, indem wir uns verzweifelt abmühen (was erfolglos enden kann), sondern indem wir uns mit unserem ganzen Sein – Leib, Geist und Gefühle – Gottes Einfluss aussetzen und unsere Ansichten über die Welt so verändern lassen, dass sie mehr und mehr seiner Sicht angeglichen werden.

Wissen, wie Gott fühlt

Indem wir unseren Blick immer ausschließlicher auf Gott richten, geben wir den anderen Göttern immer weniger Raum und werden immer seltener von ihnen getäuscht. Beim Eintreten in die „Vorhöfe Gottes" lernen wir, seine Empfindungen über die Lebensumstände, die uns umgeben, zu verstehen. Wir erkennen, wie er zu unseren Wirtschaftssystemen steht, wie er auf Ungerechtigkeit und Gewalt reagiert. Wenn Anbetung richtig verstanden wird als ein Schauen auf das Antlitz Gottes mit unverhülltem Gesicht, dann sollten wir auch erwarten, seine Sicht und die der Welt zu verstehen. Und umgekehrt schaut Gott auch in unser Gesicht. Wenn echte Anbetung beinhaltet, dass wir Gott als unseren Vater anerkennen, dann müssen wir auch damit rechnen, dass er liebevoll, aber streng unsere Haltung und unser Benehmen korrigiert. Er will uns etwas von seiner väterlichen Liebe zeigen und etwas von dem Empfinden seines Vaterherzens in uns hineinlegen.

Anbetung als politische Handlung

Wie oft singen wir: „Jesus ist Herr!" und sind offensichtlich total blind für die Bedeutung dieser Aussage! Jesus als Herrn über alles anzuerkennen bedeutet, dass wir alle falschen Götter herausfordern und ihren Herrschaftsbereich bedrohen. Wenn man bedenkt, dass die Götter dieser Welt tief in unser politisches und soziales System verwickelt sind, dann ist es ganz richtig, Anbetung als politische Handlung zu verstehen. Wenn Jesus Herr ist, dann ist jeder andere „Herr" von diesem Titel ausgeschlossen und hat sich ihm unterzuordnen.

Für viele der ersten Christen bedeutete das Bekenntnis „Jesus ist Herr" ihr eigenes Todesurteil. Solch eine Behauptung, verbunden mit einem Leben, das dieses Bekenntnis auch praktisch zum Ausdruck brachte, sah man als politischen Verrat an.

Unter strikt atheistischen Regimen haben wir heute ähnliche Situationen. Die Ablehnung der „Herrschaft" des Staates wird als verräterisches Vergehen behandelt, weil damit die ideologischen Fundamente, auf die sich die Sicherheit eines solchen Staates gründet, untergraben werden. Es stimmt, dass in der westlichen „freien" Gesellschaft der Ruf „Jesus ist Herr" von den Meisten ignoriert wird, doch bedeutet dies noch lange nicht, dass demokratische Staaten seine Herrschaft anerkennen! Die Erklärung dafür ist eher, dass unser Leben so wenig von der Radikalität dieser Aussage widerspiegelt, dass wir als sonderbare, aber harmlose Ansammlung toleriert werden.

Ein feindliches Reich

Ein Beispiel dafür, wie wenig ernst ethische Maßstäbe heutzutage genommen werden, ist die Frage der Ehrlichkeit. Auf jeder Ebene der Gesellschaft sind unsaubere Praktiken gang und gäbe: Steuerhinterziehung, Bagatelldiebstähle, Einsatz von Bestechungsgeschenken, kleinere und größere Schwindeleien und jede Art von Betrug, sei es, dass zu hohe Spesen angegeben oder zu viel Arbeitszeit berechnet wird. Ein christlicher Arbeitnehmer kann ganz gut mit seinen Arbeitskollegen zurechtkommen (doch nicht mit seinem Gewissen), wenn er ein Auge zudrückt und Kompromisse macht; doch in dem Moment, wo er den Gott der Wahrheit als Herrn anerkennt und sich diesem System verweigert, werden die Messer gezückt. In solch einem System ist ein ehrlicher Mensch ein Affront und muss entweder „gleichgeschaltet" oder entfernt werden. Ein Beispiel: Sobald eine Gruppe von Christen gegenüber einem umstrittenen Thema wie der Abtreibungsfrage Position bezieht, nachdem sie sich unter die Herrschaft eines Gottes gestellt hat, der gesagt hat: „Du sollst nicht töten", und die seinen Kummer über den Massenmord an den Ungeborenen gesehen hat, wird sich ein Strom bissiger Verwünschungen über sie ergießen. Jesus als Herrn anzubeten bedeutet nicht nur, dass wir seine Herrschaft in unserem Privatleben aufrichten, sondern dass wir ein gegnerisches Reich mitten in dem alten aufbauen, das dann den Zorn der „Götter" provoziert.

Zwei Extreme

Es scheint, dass die Kirche bisweilen von einem Extrem ins andere fällt. Nachdem sie sich lange Zeit fast ausschließlich um die eigene „Spiritualität" sorgte, steht sie heute in der Gefahr, zugunsten ihres sozialen und politischen Engagements das persönliche Erleben Gottes und seiner Kraft zu vernachlässigen.

Im ersten Fall war das Resultat eine „Ghetto"-Mentalität, wobei die Kirche in sich selbst zusammenfiel. Im zweiten Fall wurde die echte Kraft und Gotteserfahrung für etwas aufgegeben, das sich von Humanismus und Sozialismus nicht mehr wesentlich unterscheidet.

Keines dieser beiden „Lager" scheint jedoch eine große Wirkung auf die Welt zu haben. Was wir brauchen, ist kein Kompromiss, nicht einmal eine Vereinigung vom Besten der beiden, sondern eine ständig erneuerte Vision von Christus. Immer wieder müssen wir uns von all unseren Aktivitäten zurückbegeben zu der Anbetung des größten Verfechters von Wahrheit und Gerechtigkeit, zu Christus selbst. In ihm entdecken wir das wahre Motiv zur Veränderung der Gesellschaft: Es ist nicht unser Idealismus, unsere Verzweiflung oder die eigene Vorstellung als „Möchtegernbefreier", sondern Gott, der sagt: „Ihr sollt heilig sein, denn ich bin heilig, der Herr, euer Gott" (3. Mose 19,2).

In der Anbetung konzentrieren wir unsere Aufmerksamkeit auf den einen, der sein Leben für die Welt gab und weder auf politischen Aktivismus noch auf Mystik oder vermeintliche „Spiritualität" vertraute.

Wir Christen sind dabei, Gottes Reich auf Erden zu bauen. Doch wenn das Reich Gottes nicht jetzt schon seine Wurzeln im Himmel hat, wird es nicht überleben. Nur was seine Wurzeln im Himmel und in der Anbetung des Himmels hat, kann nicht erschüttert werden.

Manche behaupten, sie könnten nicht mit gutem Gewissen Gott anbeten, während Elend und Ungerechtigkeit in der Welt herrschen. Zwar ist das verständlich, doch auch Jesus lebte inmitten einer leidenden Welt. Von ihm wurde in prophetischer Weise gesagt: „Dein Thron, o Göttlicher, bleibt immer und ewig, das Zepter deiner Herrschaft ist ein Zepter des Rechts. Du liebst Gerechtigkeit und hassest den Frevel; darum hat dich der Herr, dein Gott, gesalbt mit Freudenöl vor deinen Genossen" (Ps. 45,7–8).

Hier zeigt sich ein direkter Zusammenhang zwischen der Herrschaft der Gerechtigkeit und einer besonderen Erfahrung von Freude. Freude ist ein authentischer Ausdruck der Anbetung und dieser Abschnitt zeigt uns, dass der König dieses neuen Reiches geistliches und soziales Tun miteinander verbindet.

Weil wir den König lieben

Während viele von uns den König anbeten, ohne von der Gerechtigkeit seines Reiches zu wissen oder diese zu achten, versuchen andere, sein Reich zu bauen, ohne den König anzubeten. Der König und sein Reich sind untrennbar, wobei das Reich nicht weniger ist als ein praktischer Ausdruck seines Wesens; wir dürfen nicht vergessen, dass es zu seiner Verherrlichung gebaut wird! Wir sollten das Königreich bauen, weil wir den König lieben und anbeten. Andernfalls entdecken wir vielleicht zu spät, dass wir nicht sein, sondern unser Reich gebaut haben.

Die Anbetung Gottes in einer Welt von falschen Göttern hat einen hohen Preis. Anbetung ist ein neuer Lebensstil, mit dem wir gegen den Strom schwimmen. Doch zugleich können wir in der Anbetung eine Quelle der Kraft, Heilung und Ermutigung finden.

Es ist „Christus in uns", der die „Hoffnung der Herrlichkeit" ist – unsere Hoffnung und die Hoffnung der Welt. Indem wir ihn erhöhen, werden diejenigen, die ohne Hoffnung sind, zu ihm gezogen. Zweifellos können unsere Formen der Anbetung uns auch in eine falsche Geistlichkeit führen, die uns von der Außenwelt abschneidet. Viele Menschen sind aus diesem Grund dem christlichen Glauben gegenüber kritisch geworden.

Echte Anbetung jedoch – die Begegnung mit dem lebendigen, sorgenden, leidenden Christus – wird uns immer in Bewegung setzen, um ihm ähnlicher zu werden. Jesus selbst muss unser Beweggrund für die Änderung der Welt sein. Nur dadurch, dass seine Liebe in uns ist, sind wir in der Lage, uns den Problemen dieser Welt zu stellen. Seine Liebe ist die einzige Macht, die jemals die Welt und ihre Götter überwunden hat. Und nur durch diese Liebe macht er uns fähig, andere Menschen zu lieben.

Kapitel 4

Eine neue Sozialordnung

Die meisten Gemeinden sind sehr stark auf ihre Versammlungen fixiert. Es ist sicher richtig, dass die Gemeinschaft der Christen ein wesentliches Element des Glaubens ist. Leider jedoch sind viele unserer Treffen so gestaltet, dass sie uns eher daran hindern, dem anderen wirklich begegnen zu können. Ich konnte schon beobachten, dass sich Gottesdienstbesucher so auf Stühle und Kirchenbänke verteilten, dass mindestens ein Abstand von zwei Metern zwischen zwei Personen lag!

Manchmal stellte ich mir vor, jeder Gottesdienstbesucher wäre in einem Glaskasten eingeschlossen und abgeschottet von allen Menschen um ihn herum. Eigentlich wäre die Einführung solcher Glaskästen nur die logische Konsequenz aus der Praxis, die bereits heute herrscht. Die Beziehungen untereinander würden sich dadurch wohl kaum verändern – vielleicht bis auf das zusätzliche Problem, wer die Kästen zu putzen hätte!

Die Kirche der Lehnstühle

Durch die neu eingeführte „electronic church", also durch Gottesdienste und Gemeindeveranstaltungen, die im Fernsehen übertragen werden, können Tausende von amerikanischen Christen nun am kirchlichen Leben teilnehmen, ohne dass sie ihren Fernsehsessel verlassen müssten, zurückgezogen und isoliert im eigenen Wohnzimmer. Andererseits gibt es auch zahllose Gemeinden, wo Christen viele Jahre hindurch regelmäßig zum Gottesdienst zusammenkommen, ohne jemals etwas über ihre Glaubensgeschwister zu erfahren. Der Individualismus in unseren Kirchen ist so stark ausgeprägt, dass die Menschen über die Forderung nach tieferen gegenseitigen Beziehungen so schockiert wären, als würden sie aufgefordert, zum Buddhismus überzutreten, die Sakristei zu einem Spielsalon umzufunktionieren oder die Kirchenorgel in Brand zu stecken.

Was würde wohl Petrus oder Paulus denken, käme er unerwartet in eine unserer Glaskastenkirchen? Ich fürchte, er wäre zutiefst erschrocken über unser Verständnis von Gemeinde, das seinem eigenen so entgegengesetzt ist. Die Entschuldigungen und Ausreden, die er hören würde, wären nicht in der Offenbarung des Reiches Gottes gegründet, sondern in unseren persönlichen Vorlieben und unserer kulturellen Prägung als Westeuropäer.

Anbetung ohne Grenzen

Es scheint, dass unsere Anbetung viel von ihrer dynamischen und lebensspendenden Kraft verloren hat. Gerade darin sollten Christen sich ja von der zerspaltenen Gesellschaft um sie herum unterscheiden, dass sie anders miteinander umgehen, als es in der Welt üblich ist.

Paulus beschreibt die christliche Gemeinschaft so: „Wo kein Grieche noch Jude, keine Beschneidung noch Vorhaut, kein Barbar, Skythe, Sklave, Freier ist, sondern alles und in allem Christus. So ziehet nun als Gottes heilige und geliebte Auserwählte mitleidsvolle Barmherzigkeit, Gütigkeit, Demut, Sanftmut, Langmut an; ertraget einander und vergebet euch gegenseitig, wenn einer wider den anderen eine Klage hat; wie Christus euch vergeben hat, so auch ihr! Über dies alles aber ziehet die Liebe an, was ein Band der Vollkommenheit ist! Und der Friede Christi walte in euren Herzen, zu dem ihr auch berufen seid in einem Leibe; und seid dankbar. Lasset das Wort Christi reichlich unter euch wohnen; in aller

Weisheit lehret und ermahnet einander mit Psalmen, Lobgesängen, geistlichen Liedern; singet Gott lieblich in euren Herzen! Und alles, was ihr tut mit Wort oder mit Werk, das tut alles im Namen des Herrn Jesus, indem ihr Gott, dem Vater, durch ihn dankt" (Kol. 3,11–17).

Der Teil dieses Abschnitts, den wir wohl am ehesten mit Anbetung verbinden würden, ist der, wo von „Psalmen, Lobgesängen und geistlichen Liedern" die Rede ist. Doch wie viele von uns wären bereit, den ganzen Text als eine Beschreibung echter christlicher Anbetung zu verstehen? Wenn Anbetung bedeutet, Gottes Reich zu verkünden und zu feiern, dann handelt dieser *ganze Text* von Anbetung. Anbetung ist das Feiern des Reiches Gottes, und die Worte, die wir gerade lasen, beschreiben das Wesen dieses Reiches.

Wenn wir diese Verse gewissenhaft durchgehen, erkennen wir die Grundlagen, auf denen unsere Anbetung basieren sollte. Hier gibt es keine nationalen Abteilungen: Die Juden sind nicht besser als die Griechen; die Briten haben keine höhere Stellung als Asiaten, Skandinavier oder Argentinier. Hier gibt es keine „Klassentrennungen", die auf verschiedene religiöse Erfahrungen gegründet sind – exklusive Clubs derer, die bestimmte Erfahrungen gemacht haben, und anderer, die diese Gruppe mit Argwohn betrachten.

Der Friede Gottes regiert

Wo vorher kulturelle Vorurteile herrschten, wächst jetzt in uns der Wunsch, die anderen zu verstehen und zu akzeptieren; die Trennung zwischen Arm und Reich ist aufgehoben, die Güter werden gleichmäßig geteilt. Hier kann man sich zu Hause fühlen, die Atmosphäre ist geprägt von gegenseitigem Verständnis und Geduld. Wenn jemand einen Fehler macht oder den anderen verletzt, kann er Vergebung erfahren. Die Liebe befähigt uns, das Leben miteinander zu teilen. Der Friede Gottes regiert.

In solch einer Umgebung werden wir mit Freude Psalmen und Loblieder singen. Wir feiern eine neue Ordnung, die sich sowohl auf unsere sozialen und wirtschaftlichen als auch auf die geistlichen Beziehungen auswirkt – und so zur Ehre Gottes dient.

In einer solchen Atmosphäre würde sich unser Gastapostel sicher heimisch fühlen. Und natürlich hätte er auch großes Verständnis für die Probleme, die sich beim Aufbau einer solchen Gemeinschaft ergeben!

Ein Zuschauersport?

Zugegeben: Gerade im Blick auf den obigen Abschnitt fällt auf, dass unsere übliche Anbetungspraxis wesentlich mehr auf den Einzelnen als auf die Gemeinschaft ausgerichtet ist. Diplomatisch wie wir sind, haben wir gelernt, alles zu vermeiden, was an diesem Status quo rütteln könnte. Wir sitzen in Reih und Glied und starren die Hinterköpfe unserer Mitchristen an, als säßen wir in einer Theatervorstellung. Auch wenn wir wollten – wir können die anderen gar nicht anschauen!

Schon beim Hereinkommen suchen sich viele einen Platz, an dem sie möglichst unter sich sind, immer bemüht, näheren Kontakt mit den anderen zu vermeiden, zumindest mit solchen, die sie nicht kennen oder mögen. Anstatt zu singen, lassen wir oft kräftig die Orgel spielen – so fällt auch nicht mehr auf, wie wenige Leute überhaupt anwesend sind! Die geistlichen „Profis“ bestimmen alle Beiträge im Gottesdienst, und so fühlt sich der gewöhnliche Gläubige, als habe er einfach nichts Wertvolles beizutragen. Er meint, seine Pflicht sei es lediglich, regelmäßig im Gottesdienst zu erscheinen – mit seinen Gedanken und Gefühlen aber bleibt er allein!

Besonders schlimm ist eine solche Praxis für Neubekehrte: Sie bleiben sich selbst überlassen, anstatt neue

Freunde zu finden und in ein strukturiertes Lehr- und Seelsorgeprogramm integriert zu werden. Oft scheint es, als könnten nur die überleben, die geistlich bereits auf eigenen Beinen stehen.

In der Vergangenheit haben wir uns schuldig gemacht, weil wir ein individualistisches Evangelium gepredigt haben. Menschen wurden zwar zu einer persönlichen Beziehung mit Jesus eingeladen, aber nicht mit uns. Ich habe den Verdacht, dass wir ihnen diesen Teil des Evangeliums vorenthalten haben, weil wir vielleicht schon ahnten, dass die Menschen enttäuscht sein könnten über das, was sie bei uns finden würden. Wir haben sie eingeladen, den „Sinn des Lebens" und „persönliche Erfüllung in Christus" zu finden; aber dass Christsein auch heißt, dem eigenen Ich zu sterben und als Teil einer Gemeinschaft dem Anderen zu dienen, haben wir verschwiegen.

Nett sein ist zu wenig

Angenommen, wir würden das Christsein um all die Herausforderungen beschneiden, die den Umgang mit unserem Nächsten betreffen – was bliebe dann noch übrig? So gut wie nichts! Aber gerade dies haben wir in der Praxis oft getan: Wir haben den im Kolosserbrief beschriebenen Lebensstil so weit verwässert, dass nur eine vage Philosophie des „Seid nett zueinander" übrig geblieben ist. Solche wässrigen Beziehungen zueinander laufen immer auf eine oberflächliche Anbetung hinaus und werden schließlich sogar in einem bloßen „Nettsein Gott gegenüber" enden.

Die Liebe zu Gott ist untrennbar von der Liebe zueinander.

In 1. Johannes 4,19–21 lesen wir: „Lasset uns lieben, denn er hat uns zuerst geliebt. Wenn jemand sagt: Ich liebe Gott, und seinen Bruder haßt, ist er ein Lügner. Denn wer seinen Bruder nicht liebt, den er von Angesicht kennt, kann Gott nicht lieben, den er von Angesicht nicht kennt. Und dieses Gebot haben wir von ihm, daß, wer Gott liebt, auch seinen Bruder lieben soll."

Persönliche Beziehungen

Wie wichtig wahrhaftige Beziehungen zueinander als Voraussetzung zur Anbetung sind, hebt Jesus selbst in Matthäus 5,23–24 hervor: „Wenn du nun deine Opfergabe zum Altar bringst und dort eingedenk wirst, daß dein Bruder etwas wider dich hat, so laß deine Gabe dort vor dem Altar und geh zuerst hin und versöhne dich mit deinem Bruder und dann komm und bring deine Gabe dar!"

Die zitierten Verse sind nur ein kleiner Teil der Lehren Jesu über Beziehungen, die mit den Seligpreisungen beginnen.

Beim Betrachten dieser Verse kann man leicht die Tatsache übersehen, dass in der von Jesus geschilderten Situation jemand etwas gegen einen anderen hat. Das schließt auch den Fall ein, dass wir selbst im Recht sind. Und trotzdem ist der unschuldigen Partei eine Verpflichtung auferlegt: „Gehe hin und versöhne dich."

Um wie viel mehr sollte dann erst die schuldige Partei dieses Gebot beachten!

Mir macht dieses Prinzip eine erfrischend andersartige Einstellung zur Schuld deutlich. Als Glied des Leibes Christi kann sich der unschuldige Mensch nicht von dem Schuldigen losmachen, was er aufgrund der rechtlichen Situation könnte. Er ist mitverantwortlich dafür, den Schritt zur Versöhnung zu tun, damit der Leib Christi in jeder Beziehung heil wird.

Es ist das gleiche Prinzip, nach dem Jesus, der einzige vollkommene, unschuldige Mensch, der je gelebt hat, den ersten Schritt auf schuldige Menschen zu tat und sogar so weit ging, die Verantwortung für unsere Sünden auf sich zu nehmen, indem er am Kreuz starb.

Echte Beziehungen setzen Anbetung frei

Wie oft mühen wir uns ab, so etwas wie Anbetung „in Gang" zu bringen, ohne dieses Prinzip zu beachten! Freude und Freiheit fehlen, weil viele Menschen zum Altar kommen und ihre guten Gaben bringen, ohne überhaupt zu versuchen, mit den anderen Anbetern ins Reine zu kommen. Wir sollten bedenken, dass der „Altar" der Ort ist, an dem das unschuldige Blut des Lammes Gottes vergossen wurde, damit Schuldige Vergebung empfangen.

Wo immer diese Wahrheit in der Kirche praktiziert wurde, hat sie große Veränderungen bewirkt – ganz besonders im Blick auf die Anbetungspraxis. Ich habe erlebt, wie der Heilige Geist in Versammlungen durch die Leiterschaft zu einer spontanen Versöhnung untereinander ermutigt hat, sehr oft als Vorbereitung auf das Abendmahl, wo Brot und Wein miteinander geteilt wurden. Nachdem kleine und große Barrieren wie Zurückhaltung, Stolz und Angst aus dem Weg geräumt waren, konnte solch ein Durchbruch in den Beziehungen zueinander erlebt werden, dass es schien, als sei eine dunkle Wolke zwischen Himmel und Erde weggeweht worden. Ich möchte aber auch erwähnen, dass solche „Krisenereignisse" nicht nötig gewesen wären, hätte die Gemeinschaft Versöhnung als normalen Anteil des täglichen Lebens praktiziert. Ich frage mich manchmal, wie viel mehr Freiheit in einer Gemeinschaft herrschen könnte, wenn jeder es sich zur Aufgabe machen würde, mit dem anderen ins Reine zu kommen.

Ein ewiges Dreieck

Da wir immer wieder Fehler machen, ist Versöhnung in unserem Leben regelmäßig notwendig. Allerdings sind wir nicht dazu bestimmt, unser Leben ausschließlich solchen Korrekturmaßnahmen zu widmen. Wenn wir gemeinsam

Anbetung in positiver und kreativer Weise erlernen, dann wird sich eine ganz neue Dimension gegenseitiger Ermutigung und geistlicher Kraft für uns auftun. Während Anbetung normalerweise von unten nach oben praktiziert wird, das heißt vom Einzelnen zu Gott hin, zeigt uns das Neue Testament zwei Richtungen: senkrecht und horizontal, zu Gott hin und von einem zum anderen. In Epheser 5,19 lesen wir: „Redet zueinander mit Psalmen und Lobgesängen und geistlichen Liedern, singet und spielet in eurem Herzen dem Herrn!" Wenn wir zusammenkommen, sollten wir uns in einer Art unsichtbarem Dreieck befinden, verbunden im Heiligen Geist und miteinander in einer gemeinsamen Anbetungserfahrung, den Herrn in der Mitte. Während wir uns von der horizontalen Ebene näher auf die Spitze des Dreiecks zu bewegen, rücken wir gleichzeitig untereinander zusammen.

In diesem Sinne täten wir gut daran, unsere „klassische" Anbetungs-Haltung zu überdenken – geschlossene Augen oder ein unbestimmter Blick in die Masse, auf die Frisuren unserer Mitbeter. In dieser Weise führen wir doch auch keine Gespräche, noch nicht einmal mit Fremden! Im normalen Leben würde dies als sehr unhöflich gelten. Während unserer Anbetungszeit muss es doch möglich sein, wenigstens teilweise den Blickkontakt herzustellen und Psalmen, Lobgesänge und geistliche Lieder als direkte gegenseitige Ermutigung zu nutzen. Es ist schon seltsam: Wir singen regelmäßig Worte, die eigentlich zur gegenseitigen Ermutigung bestimmt sind, so, als ob sie für den Herrn wären! Wie lächerlich ist es, wenn wir unsere Augen und Hände himmelwärts erheben und singen: „Suchet zuerst das Reich Gottes und seine Gerechtigkeit" – als ob es Gott wäre, den wir daran erinnern müssten!

In 1. Korinther 14 befasst sich Paulus mit den Ordnungen der gemeinsamen Anbetung. In Vers 26 lesen wir: „Wie ist es nun, ihr Brüder? Sooft ihr zusammenkommt, hat jeder einen Psalm, er hat eine Lehre, hat eine Offenbarung, hat eine

Zungenrede, hat eine Auslegung, alles geschehe zur Erbauung!" Die Liste der Beiträge ist hier nur kurz. Sie gibt ein Muster vor und an anderen Stellen im Neuen Testament sind zahlreiche zusätzliche Arten von Beiträgen erwähnt. Aber egal, welche Beiträge auch gebracht werden mögen, sie dienen immer nur einem Ziel: der Erbauung der Gemeinde.

Man kommt, um zu geben

Wir erkennen hier eine Haltung, die sich sehr von unserer eigenen unterscheidet: Man kommt zusammen, um zu geben, und nicht – wie wir es oft tun –, um zu nehmen. Tatsächlich können sich die, die nicht auf der Kanzel stehen, sondern die Reihen füllen, damit entschuldigen, dass ihnen ja selten eine Alternative zu ihrer Konsumentenhaltung gegeben wird. Die übliche Struktur des Gottesdienstes lässt kaum Raum, sich einzubringen. Es ist ein ziemlich hohes Maß an Selbstdisziplin, Initiative und Fantasie nötig, wenn man unter diesen Umständen etwas an andere weitergeben will. Jedoch sollten wir solch eine Situation nicht als Anlass nutzen, um „auszusteigen", sondern uns trotz des Status quo engagieren, um Wege zu finden, uns gegenseitig aufzuerbauen. Davon mehr in Kapitel 15.

Bei vielen Gemeindeleitern herrscht große Angst davor, den Wunsch nach Beteiligung der Gemeindemitglieder in die Praxis umzusetzen. Das ist auch gut zu verstehen, wenn man einmal erfahren hat, welcher Mischmasch von guten, schlechten und leidlichen Beiträgen auftauchen kann, lässt man einer Gemeindeversammlung freien Lauf! Da ist die Gefahr, dass bestimmte dominante Personen versuchen, alles zu übernehmen; unausgeglichene und falsch geführte Leute bringen die ganze Gruppe durcheinander; „supergeistliche" Mitglieder verwechseln ihre lebhafte Fantasie mit Visionen oder Prophetie und nutzen die Versammlung, um einmal so richtig ihre eigene Meinung zu verbreiten. Allerdings: Dieses Risiko können wir nicht vermeiden.

Wäre es nicht an der Zeit, die Realität zu akzeptieren und die Leute so zu sehen, wie sie sind, anstatt davor zu fliehen? Wenn wir Angst vor dem haben, was unsere Brüder und Schwestern sagen würden, wenn sie die Freiheit dazu hätten, sollten wir überlegen, auf welchem Weg wir zu einer Veränderung dieser Situation gelangen, anstatt durch festgefahrene Gottesdienstordnungen vorzutäuschen, dass wir alle ordentlich „funktionieren".

Lieben und vertrauen wir einander genug, um ehrlich zu sagen, wenn ein Beitrag nicht hilfreich, zeitlich schlecht gewählt oder unsensibel gegenüber den Gefühlen anderer ist? Mag sein, dass die Antwort „nein" ist – aber können wir uns dann nicht zu liebevoller Ehrlichkeit verpflichten und uns darauf einigen, aufrichtig miteinander zu sein, damit der ganze Leib Christi gesund wird? Paulus schreibt in seinem Brief an die Römer: „Der Gott der Standhaftigkeit und des Trostes aber verleihe euch, untereinander gleich gesinnt zu sein nach dem Willen Christi Jesu, damit ihr einmütig mit einem Munde Gott, den Vater unsres Herrn Jesus Christus, preist. Darum nehmet einander an, wie auch Christus euch angenommen hat, zur Ehre Gottes" (Röm. 15,5–7).

Die Motivation zum Singen

Bei unseren Liedern kommt es nicht auf die Lautstärke an. Gott könnte sich an unendlich viel schönerer Musik erfreuen, die ihm von den unzähligen Engeln dargebracht wird. Gegen ihre himmlischen Gesänge klingen unsere besten Hymnen nach Katzenjammer! Was Gott von uns erwartet, ist ein Geist der Einheit, dass wir eines Herzens sind und einander annehmen. Er erforscht, aus welcher Motivation heraus wir in die Anbetung gehen, und er lässt sich nicht täuschen, wenn wir versuchen, gute Beziehungen durch wunderbare Musik zu ersetzen. Für uns mag der Gedanke befremdend sein, dass wir Gott durch unsere Beziehungen verherrlichen sollen, doch diese Art von Lobpreis übertrifft den Wert von Musik, Gesang und Tanz bei weitem. So wäre es auch völlig richtig und gut, wenn in einer Versammlung gesagt würde: „Lasst uns den Herrn preisen" und man sich sogleich der Nöte von Einzelnen annähme, ohne einen Ton zu singen! Und doch könnte ich garantieren, dass es da, wo Christi Liebe praktiziert wird, nicht lange dauert, bis sich der Lobpreis auch im Gesang ausdrückt!

Einander dienen

Paulus fordert die Gemeinde in Rom auf, dem Nächsten zu dienen. Wenn wir zusammenkommen, sollte jeder Einzelne den Vorsatz haben, etwas Aufbauendes für die anderen beizutragen, so wie es in 1. Korinther 14,26 steht: „. . . hat jeder einen Psalm, hat eine Lehre, hat eine Offenbarung, hat eine Zungenrede, hat eine Auslegung."

Wir sind zu sehr daran gewöhnt, bei unseren Treffen nur auf unseren eigenen Nutzen zu schauen. Falls wir dann doch einmal einen Beitrag bringen, werden wir uns eher fragen (und ich zähle mich auch dazu): „Wie war ich? Habe ich die anderen beeindruckt?", anstatt ein aufrichtiges Interesse dafür zu entwickeln, dass dem Anderen geholfen wurde, dass er ermutigt oder gelehrt wurde. Bei meiner persönlichen Vorbereitung auf einen Gottesdienst stelle ich fest, dass ich mich bewusst anstrengen muss, für die Menschen zu beten, die mit mir teilnehmen. Andernfalls werden sogar diese Gebete viel zu sehr um meine eigene Leistung kreisen, darum, dass ich mich nicht lächerlich mache – und so meine geistliche Glaubwürdigkeit verliere!

Heilung für die Unsicheren

Auch wenn wir niemals völlig der Versuchung dieser egozentrischen Gedanken und Gefühle entkommen, können wir doch wenigstens verhindern, sie zu fördern, und zwar indem wir unsere Aufmerksamkeit bewusst dem Wohl anderer zuwenden. Es lohnt sich, daran zu denken, dass starke Ichbezogenheit gewöhnlich durch Unsicherheit zustande kommt – mit anderen Worten: Wir fürchten uns vor Ablehnung, Versagen oder Tadel. Das Heilmittel gegen diese Furcht ist Liebe und ich bezweifle, dass irgendjemand von Unsicherheit und Sorge um sich selbst frei werden kann, ohne die Tiefe der Liebe der Familie Gottes erfahren zu haben.

Im 15. Kapitel des Römerbriefs fügt Paulus dem Thema Dienerschaft noch einen wichtigen Gedanken hinzu: „Ich meine nämlich, dass Christus Diener der Beschnittenen geworden ist der Wahrhaftigkeit Gottes wegen, um die Verheißungen an die Väter zu bestätigen, daß aber die Heiden Gott preisen müssen wegen seiner Barmherzigkeit, wie geschrieben steht: ‚Darum will ich dich bekennen unter den Heiden und deinem Namen lobsingen.' Und wiederum heißt es: ‚Freuet euch, ihr Heiden, mit seinem Volk!'"

Jesus wurde Diener, um Menschen jeder Nation zur Anbetung des einen wahren Gottes zu führen. Das Bild des leidenden Knechtes in Jesaja 52 und 53, der ein prophetischer Vorbote Christi ist, wird im Neuen Testament lebendig, wenn wir auf das Leben und die Haltung Jesu schauen.

Als Jesus seinen Jüngern befahl, einander zu lieben, so wie er sie liebte, gab er den Auftrag des Dienens an die Gemeinde weiter. Warum ist Dienerschaft in diesem Kapitel mit den Heiden verbunden, den „Außenstehenden", die sich freuen und Lobpreis singen? (Vers 11). Ist es allein wegen des erstaunlichen Vorbildes von Gottes Liebe, die in der dienenden Haltung Jesu sichtbar wird? Wenn ja, wie konnte man von den Heiden erwarten, dass sie dies erkannten und darauf reagierten, wo sie doch geographisch und kulturell so weit von Judäa entfernt waren? Könnten sie allein durch mündliche Berichte überzeugt werden, oder benötigten sie nicht vielmehr ein Beispiel aus Fleisch und Blut?

Wenn Paulus so offensichtlich die Dienerschaft Jesu als ein nachahmenswertes Vorbild für unser Leben in der Gemeinde darstellt, so lässt sich daraus folgern, dass es die praktizierte Dienerschaft in der Gemeinde ist, die die Heiden zum Glauben an Christus bringt, sodass sie beginnen, Gott zu preisen.

Das Wunder der Einheit

In unserer zersplitterten und sich bekämpfenden Gesellschaft kann kaum etwas so sehr die Menschen beeindrucken wie das Zusammenleben von Menschen, die eigentlich durch wirtschaftliche Unterschiede, Rasse, Hautfarbe, Ideologie, Kultur, Religion oder Nationalität voneinander getrennt sein müssten. Das ist etwas, was die Welt von sich aus nicht zu Stande bringen kann. Wen wundert es da, dass ein solches Zeugnis in der Lage ist, die „Heiden" dazu zu bringen, Gott anzubeten!

Eine der größten Gefahren, der wir uns stellen müssen, wenn wir unsere Anbetungspraxis bereichern wollen, ist die: Wir sind ständig in der Lage, selbst die am meisten auf Gott ausgerichtete Aktivität zu einer selbstsüchtigen Angelegenheit zu machen. Ich glaube, dass wir uns dessen noch nicht einmal bewusst sind – aber viele von uns finden sich plötzlich in einem Prozess vor, in dem sie immer mehr darauf aus sind, sich selbst mit ihren Gaben zu betätigen, wobei das Verlangen, anderen zu dienen, nachlässt. Und es gibt ganze Gruppen von Christen, die so ausschließlich darauf ausgerichtet sind, ihre eigenen Anbetungszeiten zu bereichern, dass sie keine Zeit mehr haben, sich der Welt um sie herum zu widmen.

Anbetung verweist uns nicht nur an Gott und an den christlichen Bruder oder die Schwester – sie verweist uns genauso an die Millionen von Menschen, die Christus noch nicht begegnet sind. Gott liebt diese Menschen genauso sehr wie uns. Wenn uns unsere eigene Anbetungspraxis vor diesen „Außenstehenden" abkapselt, dann möchte ich die Frage stellen, ob wir noch wirklich anbeten oder ob wir uns nicht schon längst vor Jesus selbst abgekapselt haben. Wer im Geist wirklich Jesus begegnet – und nicht nur einer selbstgezimmerten Vorstellung von ihm –, der hat auch das Verlangen, mit anderen Menschen über ihn zu sprechen.

Keine exklusive Elite

Wäre Jesus mit der Einstellung gekommen, eine Elitetruppe zusammen zu stellen, hätte keiner von uns eine Chance. Aber dank der Gnade Gottes hatte Jesus eine andere Einstellung. In Philipper 2,5–7 heißt es: „Ein jeglicher sei gesinnt, wie Jesus Christus auch war: welcher, ob er wohl in göttlicher Gestalt war, nahm er's nicht als einen Raub, Gott gleich zu sein, sondern entäußerte sich selbst und nahm Knechtsgestalt an, ward gleich wie ein andrer Mensch und an Gebärden als ein Mensch erfunden."

Jesus wurde zum Außenseiter, von den Etablierten verachtet, weil er mit Prostituierten und Gefallenen Umgang pflegte. Wie kämen wir dann dazu, als seine Nachfolger einen exklusiven Club zu bilden?

Im Angesicht Jesu sehen wir das Angesicht der Außenseiter, derjenigen, die noch nicht einmal das Nötigste zum Leben haben – vom geistlichen Leben ganz zu schweigen. Es gibt einen Abschnitt in der Bibel, der für mich zu den ernüchterndsten und aufrüttelndsten überhaupt gehört: Matthäus 25. Dort erzählt Jesus, was geschehen wird, wenn er wiederkommt, um uns zu richten:

„Dann wird er auch sagen zu denen zur Linken: Gehet

hin von mir, ihr Verfluchten, in das ewige Feuer, das bereitet ist dem Teufel und seinen Engeln! Ich bin hungrig gewesen, und ihr habt mich nicht gespeist. Ich bin durstig gewesen, und ihr habt mich nicht getränkt. Ich bin ein Fremdling gewesen, und ihr habt mich nicht beherbergt. Ich bin nackt gewesen, und ihr habt mich nicht bekleidet. Ich bin krank und gefangen gewesen, und ihr habt mich nicht besucht. Da werden sie ihm auch antworten und sagen: Herr, wann haben wir dich gesehen hungrig oder durstig oder als einen Fremdling oder nackt oder krank oder gefangen und haben dir nicht gedient? Dann wird er ihnen antworten und sagen: Wahrlich, ich sage euch: Was ihr nicht getan habt einem unter diesen Geringsten, das habt ihr mir auch nicht getan. Und sie werden in die ewige Pein gehen, aber die Gerechten in das ewige Leben."

Unsere Anbetung sollte den Jesus offenbaren, der mit den Armen, Hungrigen, Kranken, Nackten und Gefangenen leidet. Es ist so viel leichter und bequemer, unsere Anbetung derartig zu vergeistigen, dass die Nöte der Menschen nicht mehr darin vorkommen. Aber wir müssen sehen, dass wir auf diese Weise keinen anderen als Jesus selbst aus unserer Mitte ausschließen.

Kapitel 5

Eine königliche Einladung

Als Engländer habe ich eine Angewohnheit, die mir zur zweiten Natur geworden ist: Ich fahre mein Auto auf der linken Seite der Straße. Dieses Gesetz ist so richtig und vernünftig, dass wir es kaum als Gesetz ansehen. Es wäre lächerlich, es als überflüssig und beschwerlich zu betrachten, und gefährlich, es einfach zu missachten. Tatsächlich tragen Gesetze wie dieses erheblich dazu bei, dass Autofahren überhaupt erst möglich ist, ganz zu schweigen von der Sicherheit, die sie gewährleisten. Sie sind zu unserer eigenen Sicherheit und Freude da und schränken uns nur insofern ein, dass sie Chaos, Unzufriedenheit und Not verhindern oder zumindest einschränken.

Nachdem wir bisher gesehen haben, dass Anbetung ein ganz natürlicher Teil des Lebensstils eines Christen ist und wie viel Freude sowohl Gott als auch der Mensch daran hat, wollen wir uns nun der Tatsache zuwenden, dass Anbetung auch eine „gesetzliche Verordnung" ist.

Nicht nach Belieben zu handhaben

Ich weiß nicht, ob je einer die Gebote über Anbetung in der Bibel gezählt hat, aber schon nach kurzer Suche werden wir so viele finden, dass wir daraus schließen müssen, dass Gott Anbetung wirklich *will*! Gehen wir durch das Alte und Neue Testament, so finden wir Gebote, die uns auffordern, Gott zu preisen, ihn zu verherrlichen, Lobpreis zu singen, zu ihm zu rufen, ihn zu loben, Dank zu sagen, sich vor ihm zu beugen, zu knien, zu opfern, ihm ein neues Lied zu singen, uns zu freuen, ihn zu ehren, zu fürchten, zu erheben, ihm zu huldigen, zu dienen usw. Und das alles soll in einem solchen Ausmaß geschehen, dass wir es nicht als etwas betrachten könnten, was nach unserem Belieben geschehen kann.

Schauen wir uns zum Beispiel die Worte an das Volk Gottes in 2. Könige 17,35–36 an: „Schloß doch der Herr mit ihnen einen Bund und gebot ihnen: Ihr sollt nicht andere Götter verehren und anbeten, sollt ihnen nicht dienen und ihnen nicht opfern, sondern den Herrn, der euch mit großer Kraft und ausgerecktem Arm aus dem Lande Ägypten herausgeführt hat, ihn sollt ihr verehren, ihn anbeten, und ihm sollt ihr opfern!"

Anbetung ist unser Ziel

Wir können Gottes Recht auf Anbetung in der ganzen Bibel entdecken. Tatsächlich beginnt und endet die Bibel mit Anbetung. Die ganze Erlösungsgeschichte handelt davon, dass der Mensch alles ruinierte, als er seine bisher dem Schöpfer zugewandte Anbetung auf sich selbst übertrug. Die Versuchung der Schlange lag in dem verlogenen Versprechen, dass Adam und Eva „wie Gott" wären, wenn sie von der verbotenen Frucht essen. Und so tauschten sie die Anbetung ihres Gottes gegen die vermeintliche Aussicht ein, so wichtig wie er zu werden. In diesem Moment wurde ihr eigenes Ich zum Objekt der Anbetung. Das letzte Buch der Bibel, die Offenbarung, beschreibt die Vernichtung der Sünde und des Bösen und die Geschichte endet mit einem großen Festmahl – und einer großartigen Anbetung Gottes durch Menschen und Engel, die die Ewigkeit prägen wird. Wir erkennen hier einen kleinen Schimmer der Vollkommenheit, in der alles Geschaffene Gott den Lobpreis gibt.

Wenn wir Teil dieses großen Plans der Erlösung sein

möchten, dann müssen wir mit in den Gesang einstimmen, den Gott seiner ganzen Schöpfung zu singen gebietet. Und das ist keine Bürde!

Misstrauen gegen Befehle

Unsere menschliche Erfahrung mit Befehlen mag uns einige Probleme bereiten, wenn wir auf Gottes Gebote stoßen. Das Problem ist Folgendes: In einer korrupten Gesellschaft, die aus sündigen Menschen besteht, kommen die Vorschriften, die uns gegeben werden, sowohl von Menschen, die rechtschaffen, als auch von solchen, die vorsätzlich böse sind. So lernen wir, misstrauisch zu sein, zu hinterfragen, zu rebellieren. Manchmal müssen wir sogar aus moralischen Gründen Befehle verweigern. Es ist uns unmöglich, den Autoritäten über uns total zu vertrauen.

Traurigerweise übertragen wir unbewusst viele dieser Zweifel auf Gott. Aufgrund unserer Erfahrungen mit anderen Menschen ist das verständlich, und es ist gut zu wissen, dass Jesus dies versteht und vor dem Vater für uns als jemand eintritt, der selbst in menschlicher Gesellschaft lebte, mit all ihrer Fehlerhaftigkeit und verdrehten Wahrheit.

Wir besitzen jedoch auch eine sehr hinterlistige Eigenschaft, mit der wir den Geboten Gottes widerstehen. Es ist genau die gleiche Haltung, die Satan in Evas Verstand einpflanzte: „Hat Gott wirklich gesagt . . .?"

Der Teufel pflanzte Zweifel an Gottes Rede in Evas Denken. Auf diese Weise wurde Gottes Gebot untergraben, dann nicht befolgt, und dadurch kam die Haltung zustande, die das Herz der Menschheit vergiftete: „Sollte Gott gesagt haben, dass du . . .? Stör dich nicht daran, seine Gebote müssen mit den nötigen Vorbehalten gesehen werden." Wir täten gut daran, keine Zeit damit zu verschwenden, so zu diskutieren und zu argumentieren. Wenn sich diese Gedanken in uns aufbäumen, müssen wir uns ihrer sofort entledigen. Denn wenn wir über diese Lügen diskutieren, befinden wir uns im Gespräch mit dem Vater der Lüge selbst.

Gottes Gebote sind gut für uns

Aber es gibt auch Gebote, auf die wir positiv reagieren – zum Beispiel solche, die gleichzeitig eine Einladung sind. Aufforderungen wie: „Komm und setz dich, das Essen ist fertig!", oder: „Hol meine Geldbörse und nimm dir Geld heraus!", sind uns sehr willkommen. Würde eine solche Aufforderung nicht ausgesprochen, wäre der Aufgeforderte im Nachteil. Ich glaube, dass die Gebote Gottes, die uns zur Anbetung auffordern, ähnlich zu verstehen sind. Die obigen Beispiele schildern Aufforderungen zum Kommen, zum Empfangen, aber bei Gott sind wir sowohl eingeladen zu empfangen als auch zu geben – wir sind eingeladen, eine Beziehung des gegenseitigen Gebens und Empfangens mit ihm einzugehen.

Diese Gegenseitigkeit zeigt sich genauso, wenn ein Ehemann oder eine Ehefrau zum Partner sagt: „Komm und nimm mich mal in den Arm." Indem man jemanden umarmt, wird man unvermeidlich auch selbst umarmt! Jesus sagte, dass Geben glücklicher macht als Nehmen. Wenn Gott uns nun einlädt oder uns auffordert, ihn anzubeten, weiß er, dass wir bei solch einem Geben auch empfangen werden.

Rückantwort erbeten!

Obwohl ich nicht viel persönlichen Kontakt mit der britischen Königsfamilie habe (eigentlich gar keinen), kann ich mir doch gut vorstellen, wie die Einladungskarten aussehen, die die Adresse des Buckingham-Palastes tragen. Wenn Ihre königliche Majestät Königin Elizabeth II. um Ihren Besuch bittet, dann sollten Sie lieber zur Stelle sein! Tatsächlich steht auf königlichen Einladungen der archaische Ausdruck „befiehlt Ihre Anwesenheit", und jegliche Deutung, dass es sich hier um ein Erscheinen nach Belieben handeln könnte, ist ausgeschlossen! Man stelle sich solch eine Einladung in jenen Tagen vor, da Köpfe zu rollen pflegten, wenn sie königliches Missfallen erregten!

Wir haben eine Dauereinladung vom König der Könige, dem mächtigen und majestätischen Herrn des Universums, mit Lobpreis in seine Vorhöfe einzutreten. Wie unglaublich vermessen und dumm sind wir, wenn wir solch eine Einladung gedankenlos missachten! Seine Einladungskarten, geschrieben von einer nageldurchbohrten Hand, sind in der ganzen Bibel zu finden. Wenn er uns einlädt zu kommen, dann sollten wir das tun!

Er ist unserer Anbetung würdig

Gott ist der Einzige, der unserer Anbetung würdig ist. Das Lied in Offenbarung 5,9–10 schildert den Sohn Gottes als geschlachtetes Lamm: „Und sie sangen ein neues Lied: ‚Würdig bist du, das Buch zu nehmen und seine Siegel zu öffnen; denn du bist geschlachtet worden und hast für Gott durch dein Blut erkauft aus allen Stämmen und Sprachen und Völkern und Nationen und hast sie für unsern Gott zu einem Königreich und zu Priestern gemacht, und sie werden herrschen auf Erden.'" Das Lied geht weiter: „Würdig ist das Lamm, das geschlachtet ist, zu empfangen die Macht und Reichtum und Weisheit und Stärke und Ehre und Ruhm und Lob" (Offb. 5,12).

Für uns ist Lob eine ganz natürliche Sache, wenn wir fühlen, dass jemand dessen würdig ist. Kürzlich las ich in einer Zeitung folgende Überschrift: „Ein Lob dem Mann, der einem Mädchen das Leben rettete." Das Handeln des Mannes, sein Mut und seine Bereitschaft, sein eigenes Leben zu riskieren, um das Mädchen zu retten, machten ihn des Lobes würdig. Kein vernünftiger Mensch wird anderer Meinung sein.

Der Versuch, die Würde Gottes in auch nur annähernd angemessener Weise zu erläutern, wäre allein schon Stoff für ein ganzes Buch und ich bin sicher, dass meine Lebenszeit nicht ausreichen würde, es jemals fertig zu stellen.

Wie können wir bei solch einem Gott schweigen?

In diesem Abschnitt aus der Offenbarung des Johannes erkennen wir nun auch einige der Gründe, warum Gott unserer Anbetung so würdig ist. Der erste Grund ist: „. . . denn du bist geschlachtet worden."

Wir mögen so sehr mit der Geschichte von Gottes Erlösung vertraut sein, dass wir diesen unglaublichen göttlichen Akt leicht als selbstverständlich hinnehmen. Paulus beschreibt dieses göttliche Handeln in Philipper 2,5–8: „Diese Gesinnung heget in euch, die auch in Christus Jesus war, der, als er in Gottes Gestalt war, es nicht für einen Raub hielt, wie Gott zu sein, sondern sich selbst entäußerte, indem er Knechtsgestalt annahm und den Menschen ähnlich wurde: und der Erscheinung nach wie ein Mensch erfunden, erniedrigte er sich selbst und wurde gehorsam bis zum Tode, ja bis zum Tode am Kreuz!" Meinen Sie nicht, dass so ein Gott des Lobpreises würdig ist!?

Der zweite Grund für sein Anrecht auf Anbetung ist der: „. . . und hast für Gott durch dein Blut Menschen erkauft aus allen Stämmen und Sprachen und Völkern und Nationen." Was für ein Retter ist er, der den größten Preis für unsere Vergebung bezahlte, ungeachtet dessen, was wir eigentlich verdient hätten. Ein unschuldiger Mensch von unermesslicher Bedeutung kauft mit seinem Blut Verräter frei, die eigentlich nur für die grausamen Folterkammern der Hölle getaugt hätten!

Aber er kaufte uns nicht nur frei. Es gibt einen dritten Grund für sein Anrecht auf Anbetung: „. . . und hast sie für unseren Gott zu einem Königreich und zu Priestern gemacht, und sie werden auf Erden herrschen!" Als ob es nicht genug gewesen wäre, menschliche Gestalt anzunehmen und sich für unsere Vergebung zu opfern, nein, er geht sogar so weit, diese erretteten Rebellen in einen Stand zu erheben, in dem sie als Könige und Priester regieren werden.

Dazu schreibt Paul E. Billheimer in seinem Buch „Für den Thron bestimmt": „Als Söhne Gottes, die von ihm gezeugt sind und in ihrem Sein und in ihrer Art das Erbgut Gottes verkörpern, rangieren sie vor allen anderen Geschöpfen. Sie sind zur erhabensten aller möglichen Höhen erhoben, ausgenommen einer Teilhabe an der Dreieinigkeit. Obwohl Christus der einzigartige und einmalig gezeugte ewige Sohn ist, behält er seine Herrlichkeit doch nicht für sich; denn er hat erklärt: ‚Und ich habe ihnen die Herrlichkeit gegeben, die du mir gegeben hast' (Joh. 17,22). Daher werden die Erlösten seine Herrlichkeit, seine Herrschaft und seine Macht als verantwortliche, wahre Fürsten des Reiches mit ihm teilen."

Auch wenn wir gerade erst beginnen, diese Wahrheiten zu verstehen, bleibt uns bei diesen Worten bestimmt die Luft weg. Aber wenn wir wieder Luft bekommen, dann können wir nur eins tun: tief einatmen, um zur Ehre Gottes zu singen und zu reden!

Gebote für unsere Schwäche

Angesichts dieser Situation könnte man meinen: „Warum eigentlich noch Gebote zur Anbetung? Wie sollte man bei so einem Gott schweigen können?" Aber Gott versteht uns besser, als wir manchmal meinen, und er kennt ganz besonders unsere Schwäche. Er weiß, wie leicht wir seine

Würde aus den Augen verlieren, wie schnell wir uns von den Sorgen des Alltags gefangen nehmen lassen. Aus diesen Gründen befiehlt er uns, ihn anzubeten.

Wie kommen wir dahin, Gott ständig als jemanden im Auge zu behalten, der unserer Anbetung würdig ist? Durch die Anbetung selbst! Viele haben die Erfahrung gemacht, dass sie mit ihren Gedanken ganz woanders waren, bis sie sich endlich aufrafften, mit dem Lobpreis zu beginnen. Dann änderten sich ihre Gedanken – und plötzlich merkten sie, wie sie mehr und mehr in die Gegenwart Gottes eintauchten. Gott befiehlt uns die Anbetung nicht nur deshalb, weil er ihrer würdig ist, sondern auch, weil wir manchmal einfach einen solchen Befehl brauchen, um anzufangen.

Kapitel 6

Anbetung des Vaters

„Aber die Stunde kommt und ist jetzt da, wo die wahren Anbeter den Vater in Geist und Wahrheit anbeten werden; denn so will der Vater seine Anbeter haben. Gott ist Geist, und die ihn anbeten, müssen ihn in Geist und Wahrheit anbeten" (Joh. 4,23–24).

Jesus machte diese wahrscheinlich wichtigste Aussage über Anbetung, als er sich mit der samaritanischen Frau am Brunnen nahe der Stadt Sychar unterhielt. Die Worte Jesu sind so eindeutig, dass der Gedanke, wir könnten nach eigenem Belieben anbeten, von vornherein ausgeschlossen ist. Jesus zeigt deutlich die drei Kennzeichen eines „wahren Anbeters".

Der Hintergrund der Unterhaltung in Johannes 4 ist die alte religiöse Streitfrage zwischen Juden und Samaritern, an welchem Ort Gott angebetet werden solle. Die Juden beharrten darauf, dass dies in Jerusalem geschehen musste, für die Samariter war der einzig wahre Ort der Berg Gerazim. Hier ging es also um Äußerlichkeiten der Anbetung, um Ritual, Tradition und Glaubensbekenntnis.

Aber Jesus schiebt all diese Überlegungen beiseite und konzentriert sich auf die Hauptsache der Anbetung, auf Gott selbst, unsere Beziehung zu ihm und die Möglichkeiten, wie wir einen persönlichen Zugang zu ihm bekommen können.

Nach seinen Worten ist wahre Anbetung von drei Elementen abhängig: Anbetung des Vaters, Anbetung im Geist und Anbetung in der Wahrheit. Stellen Sie sich diese Elemente als die drei Kontaktstifte eines Elektrosteckers vor (in England haben wir drei Stifte, der dritte ist die Erdung). Sobald diese Stifte mit den entsprechenden Kontakten in der

Steckdose verbunden sind, ist der Stromkreis geschlossen und der Strom kann fließen. Genauso ist es für uns notwendig, auf allen drei Gebieten mit Gott „verbunden" zu sein, damit unsere Anbetung echt wird. Wir wollen diese drei Bereiche in diesem und den beiden nächsten Kapiteln näher untersuchen.

Die Leser unter Ihnen, die bisher um Freud und Leid einer Elternschaft herumgekommen sind, bitte ich um ein wenig Nachsicht, wenn ich mich im Folgenden über einen ihrer angenehmsten Aspekte äußere. In unserer Familie (außer mir gehören meine Frau, drei Töchter und ein Hund dazu) drücken wir unsere Gefühle füreinander oft in Worten aus. Ich muss allerdings zugeben – vermutlich liegt das an der britischen Reserviertheit –, dass es mir etwas peinlich war, als ich zum ersten Mal meiner ältesten Tochter sagte, dass ich sie liebe; dabei war sie kaum alt genug, um meine Worte zu verstehen. Zum Glück entwickelte sich zwischen uns bald eine große Natürlichkeit und gelegentlich wurde ich auch belohnt, wenn sie spontan auf meinen Schoß sprang und mich umarmte oder sich an meine Beine klammerte und sagte: „Papa, ich hab dich lieb." Ich freute mich darüber besonders, weil ich spürte: Ihr Handeln hatte nichts damit zu tun, dass sie auf Süßigkeiten spekulierte, sondern sie meinte es einfach so, wie sie es sagte!

Es ist schwer zu beschreiben, welche Wirkung solche Erlebnisse auf Väter haben – gewöhnlich lösen sie im Inneren einen Schmelzprozess und eine gewisse Feuchtigkeit um die Augen herum aus, manchmal begleitet von einem Kloß im Hals. Es ist eine unglaubliche Freude, von seinem Kind ehrlich und spontan gesagt zu bekommen, dass es einen liebt.

Eine überraschende Offenbarung

Sicher ist dies nur ein schwaches Bild dafür, wie Gott fühlt, wenn wir ihm als seine Kinder unsere Liebe ausdrücken. Jesus offenbarte der Welt die wunderbare Wahrheit über das väterliche Wesen Gottes, und wenn wir schätzen lernen, wie bedeutend unsere Beziehung zu Gott ist, kann sich unsere Anbetung völlig verwandeln.

In seiner Unterhaltung mit der Samaritanerin in Johannes 4,22 erzählt Jesus, dass die Samariter anbeten, was sie nicht kennen. Und dann macht er eine Aussage, die die Frau sehr überrascht haben muss: „Aber die Stunde kommt und ist jetzt da, wo die wahren Anbeter den Vater anbeten." Für ihr jüdisch geprägtes Empfinden mag diese Auffassung von Gott als einem vertrauten, persönlichen Vater geradezu gotteslästerlich geklungen haben.

Während seines Dienstes sprach Jesus oft von und mit seinem Vater. Wenn die Schriftgelehrten und Pharisäer dies hörten und den Verdacht bekamen, dass er damit Jahwe meinte und demnach auch den Anspruch erhob, Jahwes Sohn zu sein, war damit ihr tiefstes Empfinden verletzt. So zu reden war Gotteslästerung und musste mit dem Tod bestraft werden. Andererseits dürfte ihnen als Gelehrte diese Sicht Gottes als Vater nicht gänzlich unbekannt gewesen sein, denn im Alten Testament gibt es viele Hinweise auf Gottes Sohn. Eine persönliche Beziehung zu Gott jedoch, wie Jesus sie andeutete, war für sie undenkbar.

„Unser Vater . . ."

Ich habe in meiner Konkordanz nachgeforscht, wie oft der Begriff Vater als spezieller Name für Gott im Alten und Neuen Testament erscheint. Im Alten Testament gibt es 14 Beispiele, in denen Gott mit dem Namen „Vater" bezeichnet wird. Doch im Neuen Testament finden wir 280 Beispiele plus weitere drei Stellen, an denen „Abba" benutzt wird – ein kindlich-vertrauensvoller Ausdruck, der so viel wie „Papa" oder „Papi" bedeutete. Allein das Johannes-Evangelium enthält über 100 Stellen, an denen das Wort „Vater" erscheint. Jesus lehrte seine Jünger beten: „Unser Vater . . ." Er selbst sagte jedoch immer: „Mein Vater", worin sich seine besondere Stellung als der Sohn Gottes zeigt. Ist es nicht faszinierend, in eine ähnliche persönliche Beziehung eingeladen zu werden?

Es lohnt sich, das Wort „Abba" etwas näher zu betrachten. Dieser aramäische Ausdruck erscheint zwar nur an wenigen Stellen des griechischen Neuen Testaments, aber die Forscher gehen davon aus, dass die Art, wie andernorts im Griechischen die Worte „Vater" bzw. „mein Vater" benutzt werden, darauf schließen lässt, dass Jesus an diesen Stellen auch „Abba" sagte, ob er nun über oder mit Gott sprach.

In unserer Kultur gewöhnen wir uns solche kindlichen Ausdrücke normalerweise schnell ab; deshalb mag es uns etwas befremdlich erscheinen, dass Jesus Gott „Papa" oder „Papi" nannte. In der jüdischen Kultur aber blieben die ersten Worte, die ein Kind benutzte, erhalten, auch wenn es älter wurde. Selbst wenn es schon eine eigene Familie hatte, wurden oft die Kinderbezeichnungen noch verwendet, allerdings nur im engsten Familienkreis. Es war für die Juden undenkbar, sich vorzustellen, dass Gott in ähnlicher Weise angeredet werden könnte.

Stellen Sie sich nur die Verwunderung der ersten Jünger vor, als sie hörten, wie Jesus so zu Gott redete. Und dann lud er sie selbst sogar zu solch einer engen Beziehung zu seinem „Abba" ein! Sie bekamen eine neue und erweiterte Vorstellung von Gott, den ihre Vorfahren nur als erschreckend, angsteinflößend und distanziert kannten. Jesus öffnete ihnen den Blick für eine weitere Dimension von Gottes Wesen, und so wurde ihr Gottesbild erst vollständig. Sie erkannten Gott als Vater, mit einem Herz voller Sanftmut, Großzügigkeit, Sensibilität und Vergebung.

Familienbande

Das beste Vorbild für eine liebevolle Beziehung untereinander finden wir in den drei Personen Gottes: Vater, Sohn und Heiliger Geist. Wir können den dreieinigen Gott als Urbild der Familie verstehen, oder anders herum: Die Familie ist ein Abbild des göttlichen Wesens. In 1. Mose 1,26 heißt es: „Dann sprach Gott: Lasst uns Menschen machen nach unserem Bilde, uns ähnlich. Und Gott schuf den Menschen nach seinem Bilde, nach dem Bilde Gottes schuf er ihn: als Mann und Weib schuf er sie." Als er Adam erschaffen hatte, erklärte Gott: „Es ist nicht gut, dass der Mensch allein sei."

Es ist hier nicht meine Aufgabe, das Wesen des dreieinigen Gottes zu beleuchten, jedoch sollten uns diese Verse zu verstehen helfen, dass Gott in seinem Wesen nicht einsam und allein ist. Man könnte sogar argumentieren, dass ein Gott, der eine Gesellschaft von Menschen erschafft, die in gegenseitigen Beziehungen leben, selbst diesen Gemeinschaftscharakter in sich trägt.

Wir sind als Einzelne und Familien nach dem Bilde Gottes geschaffen. Allerdings müssen wir bedenken, dass wir weit davon entfernt sind, Gottes Wesen angemessen widerzuspiegeln. Bei manchen Menschen werden nur negative und schmerzliche Erinnerungen wach, wenn sie an familiäre Beziehungen denken. Und trotzdem haben die meisten von uns doch zumindest eine Ahnung davon, wie Familie sein könnte und sollte.

In Sprüche 8,29–31 spricht die Weisheit – normalerweise als ein Bild für Jesus verstanden – folgende Worte: „Als er die Grundfesten der Erde legte, da war ich als Liebling ihm zur Seite, war lauter Entzücken Tag für Tag und spielte vor ihm allezeit, spielte auf seinem Erdenrund und hatte mein Ergötzen an den Menschenkindern." Es ist wirklich erfrischend zu entdecken, dass die Freude der Anbetung direkt dem Herzen Gottes entspringt. Machen wir uns bewusst, dass wir in diese Familie Gottes eingeladen sind!

Anbetung ist Antwort

In dem Moment, als wir uns Jesus anvertrauten und Gott unser Leben als lebendiges Opfer hingaben, wurden wir in Gottes Familie aufgenommen. Wir lernten ihn nicht als launischen, egoistischen oder gemeinen Tyrannen kennen, sondern als einen vollkommen liebe- und verständnisvollen und vergebenden Vater. So wie unsere Beziehung zu ihm wächst und sich weiterentwickelt, entdecken wir seine Liebe in unseren Brüdern und Schwestern. Je mehr wir seine unendliche Gnade und Güte erfahren, desto unentbehrlicher werden uns Lobpreis und Anbetung als Antwort auf diese liebende Beziehung zwischen Vater und Kind.

Gott ist unser Vater! Dieses Wissen verändert. Vor einigen Jahren konnte ich miterleben, wie diese Wahrheit eine junge Frau verwandelte. Sie war schon lange im evangelistischen Dienst aktiv, bevor sie während einer Tagung beschloss, endlich ehrlich zu sein. Wohl durch die Atmosphäre dort wurde sie mit der Tatsache konfrontiert, dass ihr Leben ein einziger Widerspruch war – ohne dass jemand außer ihr es wusste. Sie war an drei ziemlich schwere Sünden gebunden und schaffte es einfach nicht, davon loszukommen. Voller Selbstvorwürfe und Verwirrung in ihrem Inneren fand sie weder Frieden noch Freude in ihrem Leben, ganz zu schweigen von dem Drang zu Lob oder Anbetung.

Die erste Sache, die sie nicht lassen konnte, war das Lügen. Saß sie zum Beispiel jemandem im Zug gegenüber, begann sie, erfundene Geschichten über sich zu erzählen, sei es, dass sie sich als eine Millionärstochter ausgab oder von irgendwelchen Abenteuern berichtete, die sie in ihrem relativ normal verlaufenen Leben nie erlebt hatte. Ihr zweites Problem war, dass sie zu stehlen begonnen hatte. Oft ließ sie im Laden etwas mitgehen, Plattengeschäfte verließ sie mehr als einmal mit einer CD unterm Mantel. Dazu kam noch ein Verhältnis zu einem verheirateten Mann. Was sie an ihm am meisten faszinierte, war, dass er ihr so viele Komplimente machte.

Als sie mir all diese Dinge bekannte, suchte ich angestrengt nach einer möglichen Ursache, aber ich fand keine Klarheit. Wir sprachen noch ein Weilchen und ich forderte sie noch einmal auf, ihre Schuld zu bekennen und Gott um Vergebung zu bitten; aber immer noch blieb bei uns beiden das Gefühl zurück, dass das Problem nicht endgültig gelöst war. Das Einzige, was ich tun konnte, war, für sie zu beten und Gott zu bitten, dass er die Ursachen aufdeckte. Als sie ging, hatte ich den unbestimmten Eindruck, dass auch ihr Sündenbekenntnis noch ein tieferes Motiv hatte.

Am nächsten Tag verbrachten alle Tagungsteilnehmer lange Zeit in Gebet und Anbetung. Plötzlich hörte ich, wie die Frau erstaunt nach Luft schnappte. Wir dachten, dass ihr vielleicht gerade eingefallen war, dass sie vergessen hatte, daheim das Gas abzustellen. Später erklärte sie mir jedoch, was der Grund für die kleine Störung war. Völlig überraschend hatte sie eine Vision. Nenne man es geistiges Bild, Inspiration oder was immer – auf jeden Fall sah sie vor ihrem geistigen Auge folgende Szene: Gott thronte in seiner Herrlichkeit und sie stand nahe bei ihm und sah hoch in sein Gesicht. Offensichtlich erfreut lächelte er sie an und sie erwiderte seinen Blick. Hier waren Vater und Tochter zusammen. Diese Szene der gegenseitigen Freude wurde von einer Menschenmenge bestaunt, die sich verwundert über das äußerte, was sie da sah. Das war alles. Gott hatte offenbar beschlossen, auf seine ganz individuelle Weise mit dieser Frau vorzugehen.

Ein halbes Jahr später traf ich sie zufällig wieder. Erfreut erzählte sie mir, dass diese sekundenkurze Vision ihr Problem mit dem Lügen, Stehlen und auch die Liebesaffäre beendet hatte. Vielleicht fragen Sie sich, wie solch eine kleine Offenbarung eine so große Veränderung bewirken konnte. Die eigentliche Ursache für ihr Sündigen war mangelndes Selbstwertgefühl. Durch verschiedene Erlebnisse in der Vergangenheit hatte sie die Überzeugung gewonnen, dass sie wertlos war, trotz all ihrer Gaben und Talente. Diese Vorstellung nagte jahrelang in ihrem Inneren, bis sie schließlich an die Oberfläche kam und in ihrem selbstzerstörerischen Benehmen Ausdruck fand. Sie wollte endlich „jemand" sein und so erfand sie fantastische Geschichten über sich und ihre adligen Vorfahren, über ihre großen Abenteuer und die Erfolge, die sie nie erzielt hatte. Sie stahl, um die Aufmerksamkeit anderer auf sich zu lenken; auch wenn sie damit nur einen Skandal herausforderte – sie wäre endlich jemand, wenn auch nur im negativen Sinn! Mit Skandalen hatte auch ihr drittes Vergehen zu tun, doch das Wichtigste an ihrer Affäre mit dem verheirateten Mann war ohne Zweifel, dass sie sich umschmeichelt fühlen konnte und endlich einmal Komplimente hörte. Sie sehnte sich so sehr nach Bestätigung und Anerkennung, dass sie sogar bereit war, etwas Falsches dafür zu tun, in der trügerischen Hoffnung, auf diese Weise zu finden, was sie suchte. Gott nahm in seiner Gnade ihre Angst vor Ablehnung weg, indem er ihr seine Vaterliebe zeigte. Sie erkannte, wie wertvoll sie als sein Kind war.

Aus der Bibel wissen wir, dass eine der wichtigsten Aktivitäten des Heiligen Geistes ist, uns Gott als Vater zu offenbaren. In Römer 8,15–16 heißt es: „Denn ihr habt nicht den Geist der Knechtschaft empfangen, so daß ihr euch wieder fürchten müsstet, sondern ihr habt empfangen den Geist der Annahme an Sohnes statt; in diesem rufen wir: Abba, Vater! Eben dieser Geist bezeugt samt unsrem Geiste, daß wir Kinder Gottes sind." Und in Galater 4,6 lesen wir: „Weil wir aber Söhne sind, hat Gott den Geist seines Sohnes in unsre Herzen gesandt, der da ruft: Abba, Vater!" Aus dieser Beziehung zu Gott nährt sich unsere Anbetung. Durch Jesu Tod, Auferstehung und Himmelfahrt erlangen wir im Glauben den Zugang zu Gott als Vater. Und dazu haben wir den Heiligen Geist empfangen, der uns veranlasst, wie Jesus zu Gott zu rufen: „Abba, Vater . . . nicht mein Wille, sondern dein Wille geschehe."

Persönliches Wissen

Welche Konsequenzen ergeben sich für unsere Anbetung, wenn wir Gott als Vater kennen? Es ist cin Riesenunterschied, ob wir etwas über Gott wissen oder ob dieses Wissen Auswirkungen auf unsere Beziehung zu ihm hat. Wenn Sie nur Fakten über Gott kennen, werden Sie kaum eine Veränderung Ihrer Anbetung erleben, höchstens wird eine gewisse distanzierte Hochachtung für ihn entstehen. Erst wenn wir Gott als Vater kennen und in einem persönlichen Verhältnis zu ihm stehen, werden unsere Herzen tief berührt von den Eigenschaften, die wir an ihm entdecken.

Unser Verhalten anderen gegenüber ist zum großen Teil davon bestimmt, was wir über sie denken. Wir haben uns ein Bild von ihnen gemacht. Genauso gehen wir auch mit Gott um – und hier kommt alles darauf an, dass unser Bild von ihm auch der Realität entspricht. Wenn wir annehmen, er sei zu beschäftigt, um auf uns einzugehen, werden wir uns von vornherein scheuen, ihn anzusprechen. Wenn wir ihn als Tyrannen sehen, der uns mit Argusaugen beobachtet, um uns sofort zu erwischen, wenn wir Fehler machen, kommen wir sicher nur mit großem Argwohn und Misstrauen zu ihm. Falls wir andererseits meinen, er sei ein weichherziger und nachgiebiger Opa, werden wir mit unverschämten Forderungen und respektlos in seine heilige Gegenwart hineinstürmen.

Die richtige Vorstellung von Gott bekommen wir nur, wenn wir ihn durch die Offenbarung des Heiligen Geistes kennen lernen. In unserem täglichen Leben mit ihm erfahren wir ihn als himmlischen Vater, der uns persönlich liebt; wir sind mit seiner Sanftmut ebenso vertraut wie mit seiner Heiligkeit.

Stellen Sie sich vor: Die wichtigste Person, die jemals lebte, liebt Sie! Er, der das Universum schuf, zeigte sich uns als liebender Vater und hat uns durch seinen Geist zu wirklich wieder geborenen Kindern gemacht. Er kennt Ihren und meinen Namen, er lacht und weint mit uns! In ihm erkennen wir, dass wir von ihm unendlich mehr geachtet sind, als wir es wert sind. Über einen solchen Gott kann man einfach nicht schweigen!

Kapitel 7

Anbetung im Geist

In der Veranstaltung war der Wurm drin. Die Leute saßen misstrauisch und stumm auf ihren Sitzen, während ich versuchte, sie in eine begeisterte Anbetungszeit zu führen. Doch je mehr ich mich bemühte, desto mehr schrumpften meine eigene Begeisterung und Freude, in meiner Stimme wurde die Verärgerung und Verunsicherung unüberhörbar. Ich ermutigte die Leute, erklärte, machte Witze, erging mich in allerlei Überredungskünsten, gab schließlich erschöpft das Programm an den Prediger weiter und wartete gespannt, was er bei diesem „Publikum" wohl erreichen würde. Als ich nun vorne saß und versuchte, ein etwas positiveres Gesicht aufzusetzen, kamen mir folgende Gedanken in den Sinn: „Das ist doch wie Perlen vor die Säue geworfen. Warum habe ich diese Einladung überhaupt angenommen?" Nachdem ich ein Weilchen in Selbstmitleid geschwelgt hatte, wurde mein Blick zum Glück wieder etwas objektiver und – so hoffe ich – mitfühlender gegenüber den Menschen, die ich gerade so verurteilt hatte. Mir wurde klar, dass das Problem der Leute im Grunde nicht ihr Widerwillen gegen Anbetung war oder vielleicht ihre Abneigung gegen meinen Stil, sondern etwas viel Grundlegenderes.

Ein leerer Tank

Ich hatte versucht, etwas zu fordern, was gar nicht oder nur in sehr geringem Maße da war. Sie fuhren mit leerem Tank. Ihre Brunnen waren leer und alles, was ich hören konnte, glich dem hohlen Klang leerer Eimer im ausgetrockneten Brunnenschacht. Wenn ich das sage, will ich die Menschen nicht verurteilen – sie lebten wahrscheinlich genau so, wie sie es gelernt hatten. Durch dieses Erlebnis lernte ich etwas Entscheidendes: Lobpreis und Anbetung entspringen automatisch aus einer Lebensart, die von Anbetung geprägt ist, und es nutzen weder Ermutigung noch Begeisterung, Methoden oder Drohungen, um aus einem geistlich verarmten Leben wahren Lobpreis hervorzubringen. In Matthäus 12,34 sagt Jesus: „Denn wovon das Herz voll ist, davon redet der Mund." In der geschilderten Situation spricht Jesus zwar speziell von guten und bösen Worten und Taten, aber das Prinzip ist immer noch allgemein gültig. Das, was aus unseren Herzen überfließt, prägt den Charakter unserer Anbetung.

Ein Überlaufrohr

Als ich noch bei meinen Eltern lebte, hatten wir an unserem Haus eine allgemein gebräuchliche Einrichtung. An der Außenseite, etwa vier Meter über dem Boden, befand sich über einem zementierten Weg ein Rohr. Im Inneren des Hauses befand sich an dieser Stelle ein Bad, und das Rohr war mit einem kleinen Loch genau unter den Wasserhähnen verbunden; das Ganze nannte sich Überlauf. Falls eines von uns Kindern in seiner Wannen-Euphorie das Badezimmer überflutete, gab dieses Überlaufrohr einen sehr deutlichen Hinweis darauf. So ein Vergehen kam sogar noch stärker zum Vorschein, falls jemand von der Familie oder ein Besucher gerade unter dem Rohr herging, während einer von uns oben den Bauchplatscher übte.

Lobpreis und Anbetung fließen über aus einem Leben, das von Gott erfüllt ist. Und – um das oben gezeichnete Bild weiter zu übertragen: Unser Überlaufloch befindet sich genau unter unserer Nase!

Wie wir in Johannes 4,4 gesehen haben, setzt wahre Anbetung voraus, dass unser Geist, durch die Leitung des Heiligen Geistes, Gott anbetet. Gott ist Geist und um ihn gebührend anbeten zu können, müssen wir in seine Dimension hineinkommen. Die Gegenwart des Geistes Gottes war es auch, die Paulus und Silas zum Singen und Beten veranlasste, als sie geschlagen und angekettet in Philippi im Gefängnis saßen. Der Heilige Geist war so stark gegenwärtig, dass die Erde bebte und der Gefängniswärter sich voller Ehrfurcht bekehrte! Derselbe Heilige Geist war auch für Jesus die Quelle der Freude in seiner Anbetung. In Lukas 10,21 heißt es: „Ich preise dich, Vater . . ." Es ist wunderbar, dass dieser Geist auch uns Freude bei der Anbetung des himmlischen Vaters schenkt.

Wo der Geist ist, passiert etwas

An jeder Stelle der Bibel, wo der Heilige Geist erwähnt ist, scheint etwas zu geschehen. Von der Schöpfung angefangen bis zur Auferstehung Jesu, von Pfingsten bis zu den Berichten der Apostelgeschichte wirkt er in Vollmacht. Falls wir denken, dass er lediglich eine nette Atmosphäre in unseren Versammlungen schafft, unterschätzen wir sein Wirken völlig. Das hebräische Wort für „Geist" im Alten Testament bedeutet auch „Wind" oder „Atem" – allerdings ist der Wind im vorderen Orient selten eine sanfte Brise, sondern meist ein heftiger, heißer und oft Furcht erregender Sturm. Also sollten wir nicht erwarten, immer wie Modellboote auf einem stillen Teich herumzugondeln, wenn wir in der Dimension des Geistes Gottes in die Anbetung gehen. Die Macht Gottes kann genauso einen geistlichen Sturm entfachen.

In 1. Korinther 12 und 14 finden wir die wohl genauesten Anleitungen für Anbetung in der Gemeinde. Hier werden auch viele Beispiele für das Wirken des Heiligen Geistes in solchen Versammlungen gegeben – sei es das Sprechen durch den Heiligen Geist, die Offenbarung seines Geistes, Botschaften, die der Geist den Menschen eingibt, Glaube, Heilung usw. In Kapitel 14 geht Paulus näher auf die eigenen Aktivitäten des Gläubigen ein, zum Beispiel Lobpreis, Verkündigung, Erbauung der Gemeinde. Diese Abschnitte lassen klar erkennen, dass die eigentliche Dynamik erst durch die Anwesenheit des Heiligen Geistes entstand, der Gottes Liebe und Gnade ausgoss und durch die gegenseitige Annahme der Christen, die sich trafen, um Gott zu preisen und einander zu segnen.

Anbetung in der vierten Dimension

In dem Gespräch mit der Frau am Jakobsbrunnen beschrieb Jesus eine Dimension der Anbetung, von der sie sich keine Vorstellung machen konnte. Sie war es gewohnt, dass Anbetung von „Profis" ausgeführt wurde, zu festgesetzten Zeiten, an festgesetzten Orten – wobei man sich zu jener Zeit gerade stritt, ob es nun der Tempel in Jerusalem sein sollte oder der Berg Gerazim. Jesus kündigte hier eine neue Dimension an – die Dimension des Geistes: „Wer das Wasser trinkt, das ich ihm gebe, wird nie mehr dürsten. Wahrlich: das Wasser, das ich ihm gebe, wird in ihm ein Quell, der ins ewige Leben fließt" (Joh 4,13–14). Dieses frische Quellwasser, von dem Jesus sprach, ist der Heilige Geist.

Es gibt auch einen neuen Ort für Anbetung. In 1. Korinther 6,19 schreibt Paulus: „Wißt ihr nicht, daß ihr ein Tempel des Heiligen Geistes seid, der in euch ist, den ihr von Gott empfangen habt?"

Sobald wir uns Jesus anvertraut haben, werden wir durch den Heiligen Geist wieder geboren, er zieht in uns ein. Wenn wir anbeten, so handeln wir zwar in unserem natürlichen Körper, aber tun dabei etwas Übernatürliches. In Philipper 3,3 spricht Paulus von uns, „die durch den Geist

Gottes anbeten", und in 1. Korinther 2,14 heißt es: „Der Mensch ohne den Geist nimmt die Dinge, die vom Geist Gottes kommen, nicht an . . ., denn sie sind geistlich zu verstehen."

Bevor nicht diese göttliche Quelle der Anbetung in uns fließt, können wir nicht die Anbeter sein, die Gott sucht. Erst wenn diese Quelle in uns zu einem Strom lebendigen Wassers geworden ist, wird unser Durst gestillt und unsere innere Leere gefüllt und wir können auf Gott blicken, der uns beschenken will. Aber wie kommt es nur, dass so viele Christen schon lange wieder geboren sind und trotzdem nie diese unerschöpfliche Quelle lebendigen Wassers erfahren haben, die sie in Lobpreis und Anbetung führt?

Ein ganz normaler Sonntag nachmittag

Wir saßen im Wohnzimmer meiner Eltern, mit geschlossenen Augen, gelegentlich sprach jemand ein Gebet. Wir – das waren fünf Mitglieder unserer Musikgruppe, die es sich zum Ziel gesetzt hatte, in den damals angesagten Teestuben zu evangelisieren. Ich war damals etwa 17 oder 18 Jahre alt und wurde schon als verhältnismäßig reif und gefestigt angesehen. Wie auch immer – jedenfalls wussten wir herzlich wenig über Lobpreis und Anbetung und die größte Freiheit, die wir uns auf diesem Gebiet erlaubten, war ein lockeres Liedersingen in unserem Jugendkreis. Das ging so vonstatten, dass wir die Nummern unserer Lieblingslieder riefen und sie dann nacheinander heruntersangen – unser einziges Anliegen dabei war, dass unser Lieblingslied gesungen wurde, bevor jemand anderes eins vorschlug, das wir nicht gut fanden.

Aber zurück zu unserem Gebetstreffen. Ich hatte meine Augen fest geschlossen und versuchte, mich auf Gott zu konzentrieren, indem ich mir ein paar positive Gedanken über ihn machte. Dabei hatte ich das Empfinden, ein wenig von der Erde abgehoben zu sein – es war ähnlich angenehm, wie man sich nach einem großen Festtagsessen fühlt, wenn man im Sessel sitzt und langsam in einen sanften Schlummer fällt. Sie mögen denken, dass diese Erfahrung nun wirklich nicht erwähnenswert sei – das stimmt, aber ich erinnere mich noch so gut daran, weil das überhaupt das intensivste Erlebnis war, das ich im Blick auf Gebet und Anbetung hatte. Und so war ich natürlich begeistert davon. Und trotzdem war es nur eine geistige Erfahrung wie all meine geistlichen Übungen zu dieser Zeit. Wir kannten einfach nicht mehr und nahmen an, dass unsere Erfahrungen (beziehungsweise unser Mangel an Erfahrungen) der Norm entsprachen – wir erwarteten einfach nicht mehr.

Hätte mich damals jemand auf Jesu Worte in Johannes 4,24 aufmerksam gemacht, wo er über „Anbetung im Geist" spricht, hätte ich angenommen, dass ich als bibelgläubiger Christ genau das tat! Aber in Wahrheit war ich zwar durch den Heiligen Geist wieder geboren (damals war ich fünf Jahre alt und kann mich noch sehr genau daran erinnern!), aber ich hatte nie erlebt, dass der Geist so in mir freigesetzt wurde, dass daraus Lobpreis und Anbetung hätten fließen können.

Ich habe oft über die Worte in Römer 10,17 nachgedacht, wo es heißt: „Glaube kommt durch das Hören und Hören durch das Wort Christi." Mir war die Geschichte von Jesus und der Samaritanerin von Kindheit an bekannt, aber ich verstand sie erst, als ich Leute traf, die tatsächlich durch den Geist Gottes eine neue Lebensqualität und diese innere Quelle der Freude und geistlichen Vollmacht gefunden zu haben schienen. Als ich mich mit ihnen verglich, wurde mir plötzlich bewusst, wie leer und ausgetrocknet mein geistliches Leben war. Durch ihr Zeugnis über die Erfahrungen mit dieser biblischen Wahrheit wurde in mir neuer Glaube frei. Ich erkannte, dass ich Gott bitten könnte, diese Lehrsätze lebendig erleben zu dürfen, die ich schon so viele Jahre kannte.

Die Theorie ist sicherer

Viele Christen verwechseln die Tatsache, dass sie alle biblischen Lehren kennen, mit der realen *Erfahrung* dieser Wahrheiten in ihrem täglichen Leben. Mir scheint fast, dass wir die Theorie der Realität vorziehen, besonders wenn es darum geht, uns Gott in Bereichen anzuvertrauen, die über unseren Intellekt hinausgehen oder in denen wir eine Enttäuschung riskieren müssten. Sicher ist biblische Lehre sehr wichtig, aber sie dient zur Erklärung, zum Schutz vor Irrlehren und dazu, uns in die Vollmacht des Heiligen Geistes zu führen, die Gott uns versprochen hat.

Gott ist so gnädig und gütig, dass er nie etwas von uns verlangt, was er uns nicht gleichzeitig schon anbietet. Dieses Prinzip wurde mir klar, als ich Lukas 11,13 las, wo Jesus sagt: „Wenn ihr schon, die ihr böse seid, euren Kindern gute Gaben zu geben wisst, wie viel mehr wird euer Vater im Himmel den Heiligen Geist denen geben, die ihn darum bitten!"

Ich möchte hier meine persönliche Erfahrung schildern, nicht als Norm, aber vielleicht als Beispiel dafür, wie ganz einfache Dinge in den Gedanken mancher Menschen so dramatisiert werden können, bis sie unerreichbar erscheinen.

Im Frühsommer ging ich eine stille Vorstadtstraße entlang auf der Suche nach der Hausnummer, die auf meinem Zettel stand. Gerade in den Ferien vom College nach Hause gekommen, war ich in einer etwas melancholischen Stimmung. Ich dachte über die Enttäuschungen nach, die ich während einer längeren geistlichen Krise erlebt hatte. Ich erinnerte mich an einen Abend nach einem christlichen Treffen – allein auf dem Campus sah ich zu den Sternen hinauf und war so deprimiert über die geistliche Armut in mir, dass ich mich wirklich fragte, ob ich mir das mit Gott nicht alles nur einbildete. Endlich hatte ich begonnen, ehrlich zu mir selbst zu sein. Wie oft hatte ich vor Nichtchristen Zeugnis gegeben, aber immer nur von Dingen, die Gott im Leben anderer Menschen getan hatte. In den vielen christlichen Büchern auf dem Markt fand ich tolle Geschichten, aber sie entsprachen nicht meiner eigenen Erfahrung. Ich schämte mich für mich und meine Mitchristen, denn anscheinend versuchten wir nur, andere zu etwas zu überreden, das wir selbst nicht erlebt hatten. Aber irgendwie fühlte ich, dass es mit dem christlichen Glauben noch mehr auf sich haben musste als das, was wir kannten. Ich entschied mich in dieser Nacht unter dem Sternenhimmel (solche Dinge geschehen oft beim Anblick der Sterne), dass ich entweder meiner Enttäuschung über Gott Ausdruck verleihen wollte, indem ich mich von diesem heuchlerischen Glauben abwandte, oder dass ich fand, was mir fehlte.

Ich wollte finden, was mir fehlte, und so hielt ich nach Christen Ausschau, die das besaßen, was ich suchte. Drei Monate später gab mir ein Freund die Adresse, zu der ich jetzt unterwegs war – sein eigenes Leben war durch den Kontakt mit den Menschen, die dort lebten, total umgekrempelt worden. Ich öffnete zögernd das Gartentor und klingelte an der Haustür. Hier traf sich also heute, wie jede Woche, eine Gruppe so genannter geisterfüllter Christen. Das Resultat des Abends war, dass ich um Gebet für die Erfüllung mit dem Heiligen Geist bat. In einem Nebenraum legten mir zwei dieser Menschen die Hände auf und wir baten gemeinsam Gott um seine Gabe.

Nichts geschah. Ich wartete auf Feuerzungen, einen brausenden Sturm – jedes Mal, wenn ein Auto am Fenster vorbeifuhr, schlug mein Herz höher, weil ich dachte: „Jetzt kommt's!" Die Zeit verstrich und ich war versucht aufzugeben – „Siehst du, es ist wahr, nie wird mit mir etwas geschehen", „Ich glaube, ich bin einfach nicht geistlich genug". Und trotzdem hielt ich an der Schrift fest: „Wie viel mehr wird der Vater im Himmel den Heiligen Geist denen geben, die ihn darum bitten." Und ich hatte ihn darum gebeten! Das Einzige, was mir jetzt zu tun blieb, war zu vertrauen. Alles lag in seiner Hand. Ich ging etwas enttäuscht, aber voll innerem Frieden nach Hause. Und Gott bewies seinen Sinn für Humor. Er kennt unser Innerstes und weiß, dass manchmal gerade unser krampfhaftes Bemühen um tiefere Erfahrungen uns daran hindert, seine Gaben zu empfangen. Als ich nach Hause kam, waren alle anderen schon im Bett (diese Charismatiker haben einfach kein Zeitgefühl!) und so ging ich ins Bad, um mir die Zähne zu putzen und dann schlafen zu gehen.

Während ich meine Zähne putzte, dankte ich Gott im Stillen, dass er mein Gebet erhört hatte. Da entdeckte ich plötzlich, wie ich lächelte. Ich war nicht sicher, woher es kam, aber plötzlich brodelte etwas in meinem Inneren hoch. Ich beendete schnell meine Zahnhygiene (immer noch lächelnd) und nahm eine etwas „geistlichere" Haltung ein – ich kniete mich neben der Badewanne hin und merkte, wie ich immer mehr mit etwas Unbeschreiblichem gefüllt wurde. Dieses Gefühl war völlig neu, nie vorher hatte ich so etwas erlebt; ich war so von Freude und Frieden erfüllt, dass ich die folgende Stunde im Badezimmer damit verbrachte, das erste Mal in meinem Leben Gott richtig zu genießen. Ich produzierte nichts selbst, in meinem Inneren war ich ganz ruhig, eher sogar etwas melancholisch gewesen, und nun schien mein zweifelnder Verstand fast zu sagen: „Hey, was ist denn hier los? Stopp!" Aber mein Geist war befreit und ich erinnere mich, wie ich schließlich in meinem Bett lag: Immer noch grinsend lobte und dankte ich Gott und probierte zögernd, eine neue geistliche Sprache zu sprechen, die sich plötzlich irgendwie auf meiner Zunge gefunden hatte, ohne auf meine Vorbehalte dagegen zu achten!

Endlich war mein rostiger Glaubens-Wasserhahn in Betrieb genommen worden und ein Strom von Lobpreis und Anbetung begann zu fließen. Er kam aus meinem Geist, wo der Heilige Geist endlich den Glauben gefunden hatte, durch den er den Vater im Himmel verherrlichen konnte. Obwohl ich nur langsam Fortschritte und viele Fehler dabei machte, hatte dort im Badezimmer ganz unspektakulär etwas begonnen, was mein Leben verändert hat und immer noch verändert.

Solche Erfahrungen sind sehr individuell und stellen keinerlei Norm dar. Gott geht mit jedem von uns einzigartig um. Aber eines ist bezeichnend: sein Wunsch, dass wir alle erfahren und genießen sollen, dass Jesus mit seinem Blut für uns bezahlt hat, und eines der größten Geschenke ist die Verheißung des Heiligen Geistes in all seiner Fülle, Macht und Herrlichkeit.

Anbeten im Geist heißt, genau aus dieser Quelle der Anbetung, dem Geist Gottes, zu schöpfen, der selbst Gott unaufhörlich preist. Wir sollten ihm erlauben, mit unserem Geist und durch unseren Verstand und Körper auszudrücken, wie wertvoll unser Retter Jesus und wie groß die Liebe unseres himmlischen Vaters ist.

Kennen Sie diese Gabe Gottes? Sie können lebendiges Wasser empfangen.

Kapitel 8

Anbetung in Wahrheit

Zurück zu unserem Bild vom Elektrostecker: Der dritte Pol des Steckers, der einen wahren Anbeter charakterisiert, ist der Pol der Wahrheit. Echte Anbetung bedeutet ein wahrhaftiges Auf-Gott-Zugehen. Es kommt nicht darauf an, dass wir an einem bestimmten Ort sind, sondern dass unser Verhältnis zu Gott wie das eines Kindes zu seinem Vater ist; und durch den Glauben leben wir in der Dimension des Geistes. Vielleicht denken Sie, dass dieser dritte Pol nicht wichtig sei, denn in vielen Ländern – wie ja auch in Deutschland – arbeiten elektrische Geräte schließlich ohne einen Pol für die Erdung! Hier mag das Bild eine Schwäche haben, aber Tatsache ist, dass die Erdung eine wichtige Funktion erfüllt: Einerseits dient sie dem Benutzer als Schutz, andererseits entstört sie den Empfang beim Radiohören. Ähnlich wirkt die Wahrheit, wie sich im Folgenden unschwer erkennen lässt.

Der Ursprung der Wahrheit ist in Gott selbst zu finden; sie ist Teil seines Wesens und offenbart sich in allen seinen Worten und Taten. Wenn wir in unserer Anbetung diesem Gott der Wahrheit näher kommen wollen, dann müssen wir unser Leben, Denken und Glauben dieser Wahrheit über ihn anpassen. Ein anderer Pol wird nicht passen.

Realität statt Ritual

Jesus sprach zu der Samaritanerin von einer neuen Zeit, in der Anbetung von einer persönlichen Beziehung zu Gott abhängig sein sollte und nicht mehr von Gebäuden, Zeremonien und Opfergaben. Diese Dinge hatten alle als Symbole für Zukünftiges gedient und nun erklärte Jesus, dass all das, was die jüdische Anbetung erhoffen ließ, in Erfüllung ging. Das Allerheiligste war nicht länger unzugänglich für die Menschen – jeder konnte durch Jesus hineinkommen. Am erstaunlichsten aber war, dass Jesus Gott als liebenden Vater offenbarte, der wirklich nach Anbetern sucht.

Diese Beziehung zu Gott muss Realität in unserem Leben werden, damit unsere Anbetung nicht länger von sichtbaren Dingen abhängt – den Gebäuden, Zeremonien und dem ganzen religiösen Drum und Dran, das so schnell Ersatz dafür werden kann, Gott wirklich kennen zu lernen. Wahre Anbetung ist das, was bleibt, wenn alle Äußerlichkeiten weggenommen sind. Natürlich gibt es wertvolle und nützliche Hilfsmittel zur Anbetung, aber ohne die innere Realität sind sie unbrauchbar. Anbetung in Wahrheit entsteht aus einer echten Begegnung mit Gott, sie ist Antwort auf seine Gegenwart und sein Handeln in unserem täglichen Leben.

Als die Pharisäer Jesus kritisierten, weil seine Jünger sich nicht an die traditionellen Satzungen hielten, antwortete er mit einigen Worten aus Jesaja 29: „Dies Volk ehrt mich mit seinen Lippen, aber ihr Herz ist ferne von mir; vergeblich dienen sie mir, weil sie lehren solche Lehren, die nichts als Menschengebote sind."

Hier erkennen wir, dass wahre Anbetung ein aufrichtiger Ausdruck unserer Herzenshaltung sein muss, wenn Gott sie akzeptieren soll. David erklärt im Bußpsalm 51,6: „Du willst Wahrheit im Inneren." Unser Innerstes muss geprägt sein vom Wesen Jesu. Die Pharisäer und Schriftgelehrten waren nur um die Befolgung äußerlicher Gesetze besorgt und damit hielten sie die Menschen gefangen. Jesus aber kümmerte sich um die verborgenen Bereiche im Herzen der Leute, es ging ihm um das, was in ihrem Inneren vorging, denn Anbetung in Wahrheit kann nur entstehen, wenn Herz und Mund im Einklang sind.

Anbetung im Licht der Wahrheit

Bisher haben wir zwei Dinge erkannt, die für wahre Anbetung notwendig sind: die persönliche Beziehung zu Gott und die Aufrichtigkeit unserer Herzen. Ein dritter Punkt ist, dass wir uns in der Anbetung an objektiven Wahrheiten orientieren.

Die Juden hatten im Tabernakel einen siebenarmigen Leuchter, der als einzige Lichtquelle diente, wenn sie zum Beten hineingingen. Genauso dient uns die Wahrheit, die wir in der Bibel erkennen, als Licht, wenn wir beten. Der Heilige Geist entfacht diese Wahrheit in unseren Herzen und Gedanken: „Dein Wort ist meines Fußes Leuchte und ein Licht auf meinem Weg" (Ps. 119,105). Gott hat seine Wahrheit in der Bibel offenbart und am deutlichsten erkennen wir sie in der Person Jesu Christi. In Johannes 1,18 lesen wir: „Niemand hat Gott je gesehen; der eingeborene Sohn, der in des Vaters Schoß ist, der hat ihn uns verkündigt."

Wir beten in Wahrheit an, wenn wir dieser Offenbarung Gottes entsprechend beten und uns nicht nach Religionen, Philosophien und menschlichen Erfindungen richten. Die Wahrheit ist, dass Jesus unser Retter, Prophet, Hohepriester und König ist – unser Vorbild als vollkommenes Abbild Gottes. Ohne die Kenntnis und Anwendung dieser und anderer wunderbarer Wahrheiten wäre unsere Anbetung von Unwissenheit und Unsicherheit beeinträchtigt.

So wie wir Aufrichtigkeit in der Anbetung mit der Liebesbeziehung in einer Ehe vergleichen können, so entspricht die objektive Wahrheit der Bibel dem offiziellen Ehevertrag, der den richtigen Rahmen für die Ehe setzt.

Dazu haben wir die wunderbare Gabe des Heiligen Geistes empfangen, der, wie Jesus in Johannes 16,13 versprach, uns „in alle Wahrheit führen" wird. Das ist eine Tatsache, die wir anwenden müssen, nicht nur eine Lehre zum Auswendiglernen. Ohne diese objektive Wahrheit über Jesus wird unsere Anbetung verfälscht. Schnell wird die subjektive Erfahrung des Einzelnen wichtiger als die biblischen Wahrheiten und wir können auf Abwege geraten.

Integrität in der Anbetung

Ich glaube, dass viele von uns denken, Anbetung sei etwas, was wir zu Gott senden, von der Erde zum Himmel hinauf. Diese Vorstellung könnte uns dazu verführen, unsere Anbetung von unserem Wesen zu trennen. Aber wenn wir so handeln, wird unsere Anbetung unglaubwürdig. Der Prophet Amos sprach darüber sehr harte Worte: „Ich bin euren Feiertagen gram und verachte sie und mag eure Versammlungen nicht riechen . . . Tu weg von mir das Geplärr deiner Lieder; denn ich mag dein Harfenspiel nicht hören! Es ströme aber das Recht wie Wasser und die Gerechtigkeit wie ein nie versiegender Bach" (5,21–24).

Ohne Gerechtigkeit und Recht war die Anbetung der Menschen wertlos, das Einzige, was blieb, war Geplärr in den Ohren Gottes. Sie hatten nur die äußere Form von Religion bewahrt, wahrscheinlich sogar mit Enthusiasmus und Einfallsreichtum, aber Gott verurteilte sie, weil ihr Handeln nicht mit ihrem Inneren übereinstimmte.

Ich frage mich, wie viele von uns im Gottesdienst singen und anbeten und dann nach Hause gehen, zurück in alte Ungerechtigkeiten, Sünden und zu ihren persönlichen Götzen. Wir können nur wahre Anbeter sein, wenn unser Reden mit unserem Tun übereinstimmt.

Noch einmal zurück zu unserem Bild: Wer unvorsichtig mit elektrischen Geräten umgeht, bringt sich unter Umständen in Lebensgefahr. So sollten wir daran denken, dass „unser Gott ein verzehrendes Feuer ist" (Heb. 12,29). Wenn wir seine Forderung nach Integrität in der Anbetung missachten, begeben wir uns in Gefahr.

Am Anfang dieses Kapitels erwähnte ich, dass alle Wahrheit Gottes Wesen entspringt. In seiner Gnade will er uns zu wahrhaftigen Menschen machen, befreit von Lügen und Korruption, sodass wir sein Wesen widerspiegeln können. Unsere Wahrhaftigkeit macht sich in Ehrlichkeit, Zuverlässigkeit, Treue, Beständigkeit und vor allem in Liebe bemerkbar. Diese Merkmale möchte Gott als Teil unserer Anbetung sehen.

Kapitel 9

Anbetung mit Leib und Seele

Die Stimmung war fantastisch. Gottes Gegenwart war so greifbar, dass die ganze Gemeinde ihn begeistert lobte; man sang, hob die Hände und manche tanzten sogar. Mittendrin saß ein schwer behinderter Mann in seinem Rollstuhl. Keiner hätte ihn kritisiert, wäre er deprimiert oder neidisch auf seine gesunden Mitchristen gewesen. Man hätte Verständnis gehabt, wäre er leise hinaus gerollt und nach Hause zurückgekehrt. Aber nichts dergleichen geschah – er bot vielmehr ein wunderschönes Bild selbstvergessenen Lobpreises. Am Rollstuhl gingen alle möglichen Lichter an, die Hupe, einfach alles, was zu betätigen war, wurde genutzt, um den Herrn, den er liebte, zu loben! Ich könnte mir vorstellen, dass diese Lobpreis-Gabe für Gott die schönste an diesem Abend war. Ähnlich wie die Witwe ihren Groschen gab, so gab dieser Christ alles, was er hatte.

Das sollte gesunden Christen zu denken geben. Wie oft geben wir Gott nur wenig in der Anbetung, sind eher Zuschauer als Teilnehmer, vergessen, dass Gott es wert ist, unser ganzes Wesen in die Anbetung zu investieren. Aber: Wie weit sollte man gehen, Lobpreis auch körperlich auszudrücken? Sind Hände heben und Tanzen nur vorübergehende Maschen, sind sie vielleicht sogar respektlos oder nur etwas für die ganz Extrovertierten unter uns? Ich denke, diese Fragen lassen sich nur klären, wenn wir verstehen, unter welchen Einflüssen unser heutiges Denken geformt wurde.

Plato lässt grüßen

Es ist traurig, aber wahr, dass die Kirche zu jeder Zeit Teile der säkularen Philosophie übernommen hat, auch dann, wenn sie völlig dem jüdisch-christlichen Denken widersprachen. Aus dieser Tatsache erklärt sich, dass unser Denken im Lauf der Geschichte verzerrt wurde.

Der griechische Philosoph Plato prägte die Schule des „platonischen Dualismus", der auf einem zweigeteilten Menschenbild basierte. Nach Plato besteht der Mensch aus Seele und Leib, wobei die Seele über dem Körper steht. Die sich entwickelnden religiösen Einstellungen und Praktiken waren von dem Bemühen geprägt, den Körper zu negieren oder zu unterwerfen und die Seele überzubetonen – der Körper wurde als schlecht angesehen oder zumindest als Gefahr für die religiöse Reinheit des Menschen. Wenn wir jedoch die Wurzeln des christlichen Menschenbildes anschauen und hier besonders die Lehren der Hebräer, entdecken wir einen großen Unterschied. In der hebräischen Kultur wurde nie eine Trennung zwischen dem Geistigen und dem Körperlichen gemacht; der Glaube wurde nicht vergeistlicht.

Die Bibel lehrt uns, dass wir aus Geist, Seele und Körper bestehen (1.Thess. 5,23; Lk. 1,46; Hebr. 4,12). Wir können diese Bestandteile unseres Wesens zwar identifizieren, jedoch bilden sie eine untrennbare Einheit. Jeder Versuch, den Geist vom Körper oder die Seele vom Geist zu trennen, käme einem Todesurteil für den Menschen gleich. Aber wir leben in einer geteilten und gefallenen Welt, in der viele Lügen und Halbwahrheiten über das Wesen des Menschen gelehrt werden, und so sind oft in unserem Inneren Spannungen entstanden, die den Einklang von Körper, Geist und Seele beeinträchtigen. Wollen wir Gott mit unserem ganzen Wesen anbeten, so müssen wir verstehen, wie er uns als Menschen geschaffen hat.

Die Worte der Bibel, die wir allgemein rein „geistlich" interpretieren, haben im Hebräischen auch noch eine zweite, körperliche Bedeutung. So hat zum Beispiel das Wort, das in Johannes 4,16–24 für „Anbetung" benutzt wird, noch die Bedeutungen „küssen", „niederbeugen" und „sich zu Boden werfen". An anderen Stellen wird es mit „dienen" übersetzt, das die ganze Hingabe von Körper, Geist und Seele einschließt.

Die Trennung zwischen Geistlichem und Weltlichem

Auch heute noch hält sich die beliebte, aber heimtückische Einstellung, das Leben könnte in viele Einzelbereiche aufgeteilt werden und besonders wird der religiöse vom weltlichen Bereich getrennt. Diesen einfachen Weg haben Millionen von Namenschristen genutzt, um den praktischen Forderungen der christlichen Lehre aus dem Weg zu gehen. „Religion gehört in die Privatsphäre, sie ist eine ganz persönliche Angelegenheit, über die man nicht spricht." Das Einzige, was solch eine Religion vollbringt, ist, das traditionelle und kulturelle Erbe der Kirche zu erhalten; anstatt lebendigen Glauben und Anbetung zu fördern, bietet sie allenfalls ein paar Momente „fürs Herz" im sonntäglichen beziehungsweise weihnachtlichen Gottesdienst. Das Leben des Einzelnen, sei es im geschäftlichen, sozialen oder familiären Bereich, läuft so vor sich hin, angepasst an den weltlichen Status quo; der Glaube hat nichts mit unserem praktischen Verhalten zu tun.

Aber diese Trennung zwischen „Geistlichem" und „Weltlichem" wird in der Bibel nie vollzogen. Im Hebräischen bedeutet das Wort „Glaube" nicht ein Gedankengebäude, sondern eine praktische Anleitung zum Leben. Das Bekenntnis: „Ich glaube an Gott" sollte in erster Linie Auswirkungen auf das tägliche Leben des Gläubigen haben. Wenn der Gläubige aufrichtig an einen lebendigen Gott glaubt, wird er ständig sein Leben an Gottes Maßstäben messen und es entsprechend anpassen. Wie viele von uns glauben wirklich an diesen lebendigen, gerechten und richtenden Gott?

Errettung – nicht nur „geistlich"

Man hat gesagt, dass die einzig wirklich weltliche Sache in der Welt die Sünde sei. Durch die Sünde ist vieles von Gottes Schöpfung zerstört worden, aber wir lesen in der Bibel, dass Gott einen Plan hat, uns sowohl geistlich als auch körperlich – und mit uns die ganze Schöpfung – zu erretten.

Paulus schreibt in Römer 8,19–23: „Denn das ängstliche Harren der Kreatur wartet, dass Gottes Kinder offenbar werden. Es ist ja die Kreatur unterworfen der Vergänglichkeit – ohne ihren Willen, sondern um deswillen, der sie unterworfen hat – auf Hoffnung; denn auch die Kreatur wird frei werden von der Knechtschaft des vergänglichen Wesens zu der herrlichen Freiheit der Kinder Gottes. Denn wir wissen, dass alle Kreatur sehnt sich mit uns und ängstet sich noch immerdar. Nicht allein aber sie, sondern auch wir selbst, die wir haben des Geistes Erstlingsgabe, sehnen uns auch bei uns selbst nach der Kindschaft und warten auf unseres Leibes Erlösung."

Jesus verkündigte das Reich Gottes und er demonstrierte seine Macht über Krankheit, Tod und Leiden. Außerdem übte er physische Macht über die Elemente aus: Er gebot dem Sturm Ruhe, befahl einem Feigenbaum, zu verdorren und brachte Brot und Fisch dazu, sich wundersam zu vermehren. Gott hat für den ganzen Menschen, für Körper, Geist und Seele, Befreiung und Rettung bereit.

Der Körper unter Verdacht

In der Bibel finden wir immer ein Menschenbild, das den Menschen als Einheit sieht, ohne Diskrepanz zwischen Denken und Handeln, zwischen geistlichen Erfahrungen und sozialem Verhalten, zwischen inneren Gefühlen und körperlichem Ausdruck. Wird in der Bibel einmal eine Trennung solcher Art erwähnt, dann ist sie in der Sünde begründet. Wir haben ein Evangelium der Ganzheitlichkeit: Alle Dinge finden ihre Einheit in Christus und dazu gehört auch die Heilung der zerrissenen und verletzten Persönlichkeit des Menschen.

Wenn wir uns selbst so sehen würden, wie die Bibel uns sieht, dann könnten wir unser Leben und die Anbetung viel stärker genießen. Durch den Einfluss des „platonischen Dualismus" auf die europäische Kultur und Kirche hat sich Misstrauen und sogar Angst davor entwickelt, unseren Körper in die Anbetung mit einzubeziehen. Immer noch ist es ein ungeschriebenes Gesetz, dass man sich im Gottesdienst beim Beten lediglich setzen, stellen oder knien darf. Jedes Überschreiten dieses Gesetzes würde den Rest der Gemeinde schockieren oder zumindest peinlich berühren – man würde wohl ein ganzes Sortiment von „körpersprachlicher" Kritik zu „hören" bekommen.

Es ist eine Tatsache, dass wir normalerweise mit unserem Körper genauso viel – wenn nicht noch mehr – sagen wie mit unserem Mund. Das ist völlig natürlich und gehört zur zwischenmenschlichen Kommunikation. Je nachdem, ob wir fröhlich oder traurig sind, zeigen wir es durch unseren Gesichtsausdruck, wir schmunzeln, grollen oder lassen den Kopf hängen.

Schon lange ist sowohl in der Psychiatrie als auch allgemein bekannt, dass das Unterdrücken von Gefühlen und inneren Überzeugungen zu Stress, Spannungen, Neurosen und sogar psychischen Erkrankungen führen kann. Man könnte sagen, dass die Einheit der Persönlichkeit in dem

Moment am vollkommensten ist, in dem ein Mensch den Vater in Geist und Wahrheit anbetet, wenn er sich mit Geist und Seele freut und sein Körper das ausdrückt, „was in ihm ist". In Psalm 103,1 sagt David: „Alles, was in mir ist, lobe seinen heiligen Namen." Es wäre unnatürlich, so tiefe Empfindungen nicht auszudrücken. Wir sollten unsere Körpersprache Gott gegenüber nicht auf ein paar kleine Gesten beschränken.

Wie ein kleines Kind

Was uns an Kindern so besonders freut, sind ihre Natürlichkeit und Spontaneität; sie haben keinerlei Hemmungen, ihre Gefühle und Gedanken auszudrücken – und gerade das ist es, was den Eltern in der Öffentlichkeit bisweilen peinlich werden kann. Manchmal erscheint das Erwachsenwerden ein Prozess zu sein, in dem man lernt, seine Gefühle zu verbergen und sein Verhalten an die Erwartungen der Umwelt anzupassen. Wir haben Angst davor, anders zu sein und von der Mehrheit abgelehnt zu werden. Wir legen uns selbst die Ketten der Anpassung an und tragen sie mit zusammengebissenen Zähnen durch unser ganzes Leben.

Für die, die ohne die Gnade Gottes leben, ist es sogar gut, sich im engen Rahmen solcher Gesetze zu bewegen – wenn jeder seinen Hass, seine Gier und Lust ungehindert ausleben würde, hätten wir bald eine Anarchie. Wenn wir aber unter dem „Gesetz des Geistes in Jesus Christus" leben, dem vollkommenen Gesetz der Freiheit und Liebe, wären wir dann nicht unendlich viel reicher in unserer Beziehung zu Gott und zu anderen, wenn wir als ganzheitliche Persönlichkeiten wie Kinder unsere Lebensfreude ausdrückten?

Andererseits wäre es natürlich heuchlerisch und unnütz, äußerlich etwas ausdrücken zu wollen, wenn man innerlich leer ist. Aber wenn inneres Leben da ist, sollte dies auch durch den äußeren Ausdruck bestätigt und verstärkt werden. In Klagelieder 3,41 heißt es: „Lasst uns unsere Herzen und unsere Hände zu Gott im Himmel erheben."

Seele, Geist und Körper sind geschaffen, um harmonisch zusammen zu wirken.

Ich möchte hier noch ein wenig näher auf den Körper eingehen, denn mit ihm haben wir nicht nur bei der Anbetung die meisten Probleme. Paulus fordert die Korinther auf: „Preiset Gott an eurem Leib" (1. Kor. 6,20), und er begründet es: „Denn ihr seid teuer erkauft."

In einigen Kirchen sollte es wirklich einmal von den Dächern gerufen werden, dass Jesus den höchsten Preis nicht nur für unsere Seelen, sondern auch für unsere Körper bezahlt hat. Seine Erlösung schließt alles ein – die ganze Person, die ganze Schöpfung, Himmel und Erde, alles Geistliche und Physische.

Schon um 200 nach Christus schrieb Tertullian in seiner Abhandlung „Über das Fleisch Christi" die folgenden Worte: „Unsere Geburt gestaltet er vom Tod um durch eine himmlische neue Geburt; unser Fleisch stellt er wieder her von jeder belästigenden Krankheit; wo Lepra ist, reinigt er die Flecken; wo Blindheit ist, zündet er das Licht wieder an; wo Lähmung ist, gibt er neue Kraft; wenn jemand von Teufeln besessen ist, treibt er sie aus; wenn der Tod eingetreten ist, macht er lebendig. Sollten wir dann erröten, weil wir es besitzen?" (De Carne Christi 4).

Irgendwie hat sich neben dem platonischen Gedankengut auch die Vorstellung in die Theologie eingeschlichen, der Himmel sei ein ätherischer Zustand, in dem farblose Geistwesen umherschwebten und ständig schaurig-schöne Musik zu hören sei. In der Bibel steht nichts dergleichen. Sie beschreibt den Himmel als sehr real und greifbar, bewohnt von den Heiligen in ihren wirklichen, geistlichen Körpern. Jesus war der Erste, der in solch einen „Auferstehungsleib" gekleidet wurde – nach seiner Auferstehung besaß er einen durchaus festen Körper. Er ließ sich von Thomas berühren und aß sogar ein Stück Fisch, um zu beweisen, dass er kein Gespenst war! Gleichzeitig konnte er jedoch durch geschlossene Türen gehen und zeigte so, dass sein Körper zwar real, aber nicht mehr derselbe war! Wir sollten uns an den Gedanken gewöhnen, dass wir nicht ohne Körper die Ewigkeit verbringen werden, sondern mit einem neuen Leib. Ohne unseren Körper sind wir tot, auch Geist und Seele sind dann nicht mehr zu gebrauchen. So wie wir uns auf eine körperliche Auferstehung freuen, sollten wir es hier und jetzt genießen, einen Körper zu haben, mit dem wir Dinge anfassen, begreifen, riechen, sehen und schmecken können. Ohne unsere Sinne könnten wir die Wirklichkeit gar nicht begreifen. Wir können Gott unsere Dankbarkeit zeigen, indem wir ihm unseren Körper zum Dienst und zur Anbetung zur Verfügung stellen, den Leib, den er mit unserer ganzen Person heilt und erlöst.

Ich will hier nicht den Eindruck erwecken, dass nun jeder Gottesdienst einem Pokalendspiel im Fußballstadion gleichen sollte. Allerdings ist es interessant zu beobachten, wie viele fromme Kirchgänger am Samstagnachmittag total aus sich herausgehen können, wenn es darum geht, ihre Mannschaft zu feiern. Am Sonntag setzen sie dann ihre ernsten und zurückhaltenden Mienen auf, um Christi Sieg über Hölle, Tod und Teufel zu „feiern"! Natürlich sollte man in der Gegenwart Gottes die nötige Ehrerbietung walten lassen, besonders wenn wir daran denken, was dieser Sieg Jesus gekostet hat. Aber gleichzeitig haben wir doch die „Freude in Fülle"! Ich denke, wir haben es wirklich nötig, zu einem reicheren und ausdrucksvolleren Lobpreis zu finden. Die Bibel bevorzugt weder ausschließlich stille und ernste Kontemplation noch wilde Begeisterung. Hier finden wir Raum für jegliche angemessene Art, unserer Freude über Gott Ausdruck zu geben. Das Spektrum reicht von Stille bis zum Tanzen, von demütiger Hingabe und Ehrerbietung bis zu einem mutigen Herantreten an Gottes Thron mit erhobenen Händen.

Zuschauer-Christentum

Ich vermute, dass unsere Anbetung oft unwirklich und unglaubwürdig wird, weil wir nicht die ganze Bandbreite der Ausdrucksmöglichkeiten nutzen. Wenn wir unsere innere Einstellung mit einem Skelett vergleichen, so entspricht unser Handeln dem Fleisch, das das Skelett umgibt. So wie wir unsere Gedanken in Worte fassen und sie dadurch klar machen, überprüfen und festlegen, können wir unsere Gefühle und geistlichen Impulse klären und fest machen, indem wir sie körperlich ausdrücken. Wir machen es uns oft viel zu leicht, wenn wir unbeteiligt und unberührt in einem Anbetungsgottesdienst sitzen, weil nichts geschieht, was unser Handeln und unsere Hingabe fordert. Aber erst im Handeln können wir die Realität unseres Glaubens überprüfen; wenn wir passiv bleiben, legen wir unseren Glauben auf Eis. Ich glaube, wenn wir endlich unserer untätigen Zuschauerrolle beraubt würden, wären viele gezwungen, Gott und dem Anderen gegenüber ehrlicher zu werden – und das nicht nur in der Anbetung.

Es ist allerdings auch möglich, die verschiedensten Handlungsweisen zu übernehmen, ohne dass Gottes Macht in der Anbetung offenbar wird. Wir brauchen drei Dinge: ein echtes geistliches Leben im Inneren, gute und intensive Lehre für unseren Geist und die Vielfalt körperlicher Ausdrucksmöglichkeiten. Wenn wir uns um diese drei Elemente bemühen, werden sie sich gegenseitig befruchten und uns weiterführen auf unserem Weg zu ganzheitlichen Menschen. Ganzheitlichkeit ist der Schlüsselbegriff: Gott will uns Jesus ähnlich machen, der diese Ganzheitlichkeit vollkommen verkörperte – sein Körper, sein Geist und seine Seele bildeten eine Einheit, deren Ziel es war, dem Vater zu gefallen.

Anbetung mit allen fünf Sinnen

Wenn wir wirklich glauben, dass die Erlösung der ganzen Person gilt, so müssen wir dafür sorgen, dass unser ganzes Wesen in der Anbetung die Wahrheit Gottes erfährt, unser Geist wie auch unsere Sinne. Je mehr Hilfsmittel wir unseren Sinnen zur Verfügung stellen, desto mehr können wir von der Begegnung mit Gott erwarten. Zum Beispiel kann der Geruch und Geschmack von Brot und Wein sehr hilfreich sein, weil wir damit ganz bestimmte Assoziationen verbinden. Bei der Taufe sind wir mit all unseren Sinnen beteiligt (obwohl das natürlich auf die Wassermenge ankommt) – es gibt wohl kaum ein aussagekräftigeres Symbol für unseren Durchbruch vom Tod zum Leben, als mit allen fünf Sinnen ins Wasser zu tauchen und wieder hinaus zu kommen. Diese Erfahrung ist wichtig und einprägsam, weil hier körperliches Erleben und geistliche Bedeutung zusammenkommen.

In unserem Alltag werden wir ständig mit Bildern und Symbolen bombardiert; die Kunst der Werbefachleute und Anzeigengestalter ist ausgefeilt wie nie zuvor. Wir täten gut daran, diesen Einfluss so weit wie möglich zu reduzieren, denn unsere Bedürfnisse und Einstellungen werden intensiv dadurch geprägt. Wir können natürlich nicht mit geschlossenen Augen durch die Welt gehen, aber wir können dem Ganzen sicherlich etwas entgegensetzen, indem wir uns Bilder von Jesus vor Augen halten.

Ein großer Teil der kirchlichen Kunst entstand zu der Zeit, als nur die Reichen lesen und schreiben konnten. Die Armen lernten aus Bildergeschichten, sei es auf den Kirchenfenstern oder bei bestimmten Zeremonien. Zwar können die meisten heute lesen, aber Bilder sind immer noch viel einprägsamer als Buchstaben. Deshalb können Bilder oft schon eine Predigt in sich sein und zum Lobpreis führen. Weitere Hilfsmittel finden wir im Salböl, im Händeauflegen, im Friedenskuss usw. All diese Elemente helfen uns, unseren Glauben und unsere geistlichen Erfahrungen greifbar zu machen.

Lernen, aus dem Geist zu leben

Ich glaube, dass wir in den Momenten, in denen wir uns völlig auf Gott und die Anbetung konzentrieren, lernen können, unser Verhalten von ihm prägen zu lassen. Wenn wir zu ihm kommen, bringen wir meist ein ganzes Sortiment an Verhaltensmustern mit, die wir außerhalb von Gottes Gegenwart gelernt haben.

Deshalb ist für viele Menschen die Bekehrung problematisch, wenn sie auch erst sehr begeistert sein mögen. Das Problem ist, dass wir es einfach nicht gewöhnt sind, dass Gott in uns lebt! Seine Gegenwart stellt alles auf den Kopf – und das ist auch gut so. Plötzlich leben wir in einem völlig anderen moralischen und geistlichen Rahmen; seine Stimme spricht ungehindert zu unseren geistlichen Ohren. Unser Gewissen wird durch die Beschäftigung mit ihm sensibilisiert und wir erleben die extreme Spannung zwischen der alten Lebensweise mit ihren Gewohnheiten und dem Reich Gottes. Nachdem wir uns lange Zeit nach unseren eigenen Ideen, unserem Willen und unseren körperlichen Bedürfnissen gerichtet haben, sind wir jetzt aufgefordert, der Leitung des Heiligen Geistes zu folgen. Wir müssen im Alltag lernen, unserem neuen Herrn gehorsam zu sein, und das ist besonders schwer, weil hier auch der Druck der Welt sehr groß ist, die von uns Anpassung an ihr System verlangt.

Genau wie ein Sportler sehr diszipliniert trainieren muss, wenn er Erfolg haben will, so müssen Christen lernen, in der Anbetung ihr Verhalten vom Heiligen Geist prägen zu lassen. Wenn wir uns regelmäßig zu privater und gemeinsamer Anbetung zurückziehen, wo wir mit unserer ganzen Persönlichkeit einüben können, sensibel auf die Impulse des Heiligen Geistes zu reagieren, lernen wir neue Gewohnheiten für unser ganzes Leben und können so in die Welt gehen, um sie zu reformieren und nicht konform mit ihr zu gehen.

Mit alten Denk- und Verhaltensmustern brechen

Als ich mit dem Heiligen Geist erfüllt wurde, war ich geistig wie körperlich völlig unvorbereitet für diese Erfahrung. Reserviert und konservativ, wie ich war, schrak ich vor den kleinsten Versuchen zurück, diese Erfahrung körperlich oder auch nur verbal auszudrücken. Stück für Stück musste ich meine alten Denk- und Verhaltensmuster abbauen und vieles davon gelang mir während meiner privaten Anbetungszeiten, in denen ich mich sicher genug fühlte, meinen Gefühlen ungestraft freien Lauf zu lassen. Ich war entschlossen, alles, was in mir war, zu zeigen und benutzte dazu das ganze Repertoire von Tanzen, Knien, Hinlegen, Händeheben, Auf- und Abgehen, Sprechen und Singen mit dem Verstand und im Geist. Ich bin überzeugt, dass ich auf diese Weise neue Verhaltensmuster aufzubauen begann, die aus einer neuen Quelle gespeist wurden. So fing ich auch an, mehr ich selbst zu sein und eine neue geistliche Natürlichkeit zu erleben.

Wir leben in einer Gesellschaft, die davon besessen ist, das eigene Ich zum Ausdruck zu bringen; die Folge davon ist, dass die Menschen mit ihrer Selbstsucht viel zerstören. Es ist ganz natürlich und richtig, dass jeder Mensch sich danach sehnt, eine einmalige Person zu sein, die ihr Leben individuell leben und genießen kann. So hat uns Gott gemacht. Aber leider fehlt seine Gegenwart in den meisten Anleitungen zur Selbstfindung und so machen die Menschen oft enttäuschende Erfahrungen. Wenn aber Gott in uns lebt, der uns keinesfalls zu sklavenähnlichen Niemanden machen will, dann werden wir wirklich wir selbst.

Wenn wir ihn anbeten, verlieren wir uns im Staunen über sein Wesen und gleichzeitig finden wir uns und wachsen zu den einmaligen Persönlichkeiten heran, als die Gott uns geplant hat.

Dieses Nebenprodukt darf jedoch nie der Grund für Anbetung werden. Denn so würden wir die Anbetung zu einer Art „geistlichen Wohlfühltherapie" reduzieren. Zweifellos ist Anbetung wohl tuend und heilsam für uns, besonders im Blick auf unsere geistige Gesundheit, aber wenn das die Motivation für uns wird, dann ist sie nicht mehr als Götzendienst für das Ich – das Ich steht im Zentrum und nicht Gott. In Wahrheit sind diese Vorteile nur Teil der herrlichen Auswirkungen eines Lebens, das im Gehorsam gegenüber Gott geführt wird. Das ist logisch, denn die Ursache für all unsere Krankheiten und Leiden ist Ungehorsam. Wenn wir uns in der Anbetung völlig vergessen, werden wir persönlich wiederhergestellt; und wenn wir uns selbst vergessen, können wir sicher sein, dass Gott an all unsere Bedürfnisse denkt – „Suchet vielmehr zuerst sein Reich und seine Gerechtigkeit! Dann werden euch alle diese Dinge hinzugefügt werden" (Mt. 6,33).

Die Erneuerung des Denkens

Anbetung hilft uns, aus den Denkmustern dieser Welt auszubrechen. In Römer 12,1 fordert uns Paulus auf, unsere Körper Gott als lebendiges Opfer zu geben. Er fügt hinzu: „Und richtet euch nicht nach dieser Welt, sondern wandelt euch um durch die Erneuerung des Sinnes, damit ihr zu prüfen vermögt, was der Wille Gottes ist: das Gute und Wohlgefällige und Vollkommene."

Wir können ein einfaches Prinzip für unseren Verstand anwenden: Was hineingeht, muss herauskommen. Was immer wir aufnehmen, ob gut oder schlecht, beeinflusst unser Denken und Handeln. In Philipper 4,8 schreibt Paulus: „Im

Übrigen, ihr Brüder, allem, was wahr, was ehrbar, was gerecht, was rein, was liebenswert, was wohllautend ist, wenn es irgendeine Tugend und wenn es irgendein Lob gibt, dem denket nach!"

Wenn wir Gott preisen und anbeten, konzentrieren wir uns völlig auf ihn: seine Person, seine Taten, seine Verheißungen, seine Reinheit, Liebe, Gnade und Größe. Anbetung ist nie mit bösen Gedanken in Einklang zu bringen und so erkennen wir schnell, wenn wir Vergebung und Reinigung nötig haben (oder Befreiung von Satans Anklagen, wo immer sie herrühren mögen). Wenn wir in der Anbetung stehen, wird unser Geist von Wahrheit und Schönheit erfüllt (siehe Kapitel 14).

Als Jesus in Nazareth in der Synagoge war, las er der Versammlung aus der Schriftrolle des Propheten Jesaja vor. Er bezog die folgenden Prophezeiungen auf sich selbst: „Der Geist Gottes des Herrn ruht auf mir, weil mich der Herr gesalbt hat; er hat mich gesandt, den Elenden frohe Botschaft zu bringen, zu heilen, die gebrochenen Herzens sind, den Gefangenen Befreiung zu verkünden und den Gebundenen Lösung der Bande, auszurufen ein Gnadenjahr des Herrn und einen Tag der Rache unseres Gottes, da alle Trauernden getröstet werden, da ihnen ein Kopfschmuck gegeben wird statt der Asche, Freuden anstatt der Trauerhülle, Lobgesang statt verzagenden Geistes, da man sie nennt Terebinthen der Gerechtigkeit, Pflanzung des Herrn, ihm zur Verherrlichung" (Jes. 61,1–3).

Dann ging er hinaus und begann seinen Dienst. Er machte Menschen heil, pflanzte sie in die Erde seines Reiches als „Bäume der Gerechtigkeit". Er machte sie zu starken, sicheren und fruchtbaren Menschen, die dem stärksten Sturm standhielten, und das nicht zu ihren Gunsten, sondern „um seine Herrlichkeit zu zeigen".

Sollen wir tanzen?

Es ist unmöglich, über die Ausdrucksformen bei der Anbetung zu sprechen, ohne zwangsläufig auch auf das Thema Tanz zu kommen. Dieses Thema ist jedoch so weitläufig, dass ich mich nur kurz damit befassen möchte und den Rest den Experten überlasse. Ich muss zugeben, dass meine eigene Unfähigkeit auf diesem Gebiet für unachtsame Zuschauer schnell zum Gesundheitsrisiko werden könnte!

Der Tanz als Ausdruck der Verehrung des Herrn ist nicht neu, charakterisierte er doch die religiöse Kultur der Hebräer seit ihrer Geburt als Nation. Am fernen Ufer des Roten Meeres feierte Mirjam voller Freude Gottes Sieg über die Ägypter, deren Armee gerade in den Wellen verschwunden war. „Da nahm Mirjam, die Prophetin, Aarons Schwester, eine Pauke in ihre Hand, und alle Frauen folgten ihr nach mit Pauken und Reigen" (2. Mose 15,20). Ein paar hundert Jahre später heißt es in Psalm 149: „Israel freue sich seines Schöpfers, die Kinder Zions seien fröhlich über ihren König. Sie sollen loben seinen Namen im Reigen, mit Pauken und Harfen sollen sie ihm spielen." In 2. Samuel 6,14 heißt es, dass David „vor dem Herrn tanzte mit aller Macht".

Sperrgebiet

Zu verschiedenen Zeiten in der Geschichte, und ganz besonders in evangelikalen Kreisen, wurde Tanz bis in die jüngste Zeit als ausschließlich „weltlich" und somit als „Sperrgebiet" für Christen betrachtet. Diese Einstellung ist auf verschiedene Einflüsse zurückzuführen. Da war der „platonische Dualismus", auf den ich schon eingegangen bin, neben jüngeren philosophischen Richtungen, die in ähnlicher Weise den Wert des Geistes über den des Körpers stellten. Da war die Abneigung der Puritaner gegen jegliche Art von Sport und Vergnügen, die Arbeitsethik der Protestanten, die großes Misstrauen gegen körperliche Entspannung hegten; in der viktorianischen Zeit bekämpfte man Individualität und Selbstdarstellung, besessen von der Tugend der Ehrenhaftigkeit. Dann ist da noch immer die Vorstellung, dass Tanz unweigerlich mit Sinnlichkeit und sexuellem Flirt verbunden ist, sodass es für viele unmöglich ist, ihn ohne diesen Unterton zu verstehen. Überbleibsel dieser Vorstellungen in unseren Köpfen machen es für viele von uns schwer, klar und objektiv über Tanz als Ausdrucksform der Anbetung nachzudenken. Viele von uns verspüren bei dieser Vorstellung sogar körperlichen Ekel, sind gehemmt oder verwirrt, sodass sie das Thema am liebsten völlig meiden würden.

Es ist ein eigenartiger Widerspruch, wenn eine Kirche, die ihre ganze Existenz von der „Menschwerdung" des ewigen Wortes, Jesus, ableitet, ihre eigene Körperlichkeit negiert, fürchtet und sogar verachtet. Sicher lauern im „Fleisch" große Gefahren – aber diese werden gerade dann zum Ausdruck kommen, wenn unsere Körper passiv bleiben und wir sie nicht dazu verwenden, Gott zu dienen. Das alte Sprichwort „Der Teufel findet Arbeit für müßige Hände" ist hier passend. Ein aktiver Körper, der für Gottes Zwecke trainiert ist, wird nicht so anfällig für Versuchungen sein wie einer, der passiv ist.

Tanz in der Kirchengeschichte

In kirchenhistorischen Aufzeichnungen gibt es Beweise dafür, dass der Tanz in der Vergangenheit als gleichberechtigter Ausdruck der Anbetung angesehen wurde. Jerome zum Beispiel, der als ziemlich nüchterner Mensch bekannt war, schrieb: „Die Freude des Geistes findet in der Kirche Ausdruck in körperlichen Gesten, und ihre Kinder sollen mit David sagen, wenn sie die feierlichen Schritte tanzen: ‚Ich werde vor dem Angesicht des Herrn tanzen und spielen.'"

Der „feierliche Schritt“ sollte natürlich nicht als „düster“ missverstanden werden, besonders im Zusammenhang mit der „Freude des Geistes“.

Weder im Alten Testament noch in der Kirchengeschichte fehlt es an Beweisen (obwohl es auch Einwände dagegen gibt), dass Tanzen als Ausdrucksform echter Anbetung eine wertvolle Betätigung für Christen ist.

Einige Menschen sind beunruhigt, wenn sie im Neuen Testament das Tanzen nicht direkt erwähnt finden, und deuten dieses „Schweigen“ als Zeichen, dass es kein Teil der neutestamentlichen Anbetung war. Man könnte hier jedoch entgegenhalten, dass sicherlich ein direkter Hinweis dagegen erschienen wäre, wenn Tanz nicht akzeptiert worden wäre. Dies ist eine begründete Annahme, da die ersten Christen Gott in der Tradition der hebräischen Kultur anbeteten und wie wir bereits gesehen haben, gehörte hier das Tanzen schon seit den Anfängen dazu. Oft vergessen wir, dass die Christianisierung zuerst innerhalb der hebräischen Kultur und als Erweiterung des religiösen Erbes der Juden wuchs. Wenn wir schon spekulieren wollen, wäre es dann nicht leichter, sich vorzustellen, dass zu Pfingsten sehr wohl getanzt wurde (immerhin dachten die Leute, die Jünger seien betrunken, so wie sie sich benahmen!), als anzunehmen, dass Tanzen verboten war?

Vor Freude springen

Petrus und Johannes hatten nichts daran auszusetzen, dass kurze Zeit später der Lahme an der Tempeltür sprang und tanzte und Gott pries, nachdem er geheilt worden war. Anscheinend akzeptierten sie diese starke körperliche Ausdrucksform als angemessene Dankesreaktion auf ein Wunder. Als daraufhin die Menschen zu ihnen gelaufen kamen, um zu erfahren, was mit dem Mann geschehen war, der da vor Freude durch die Gegend sprang, nahmen die Jünger die

Gelegenheit wahr, ihnen die Frohe Botschaft zu verkünden und „viele von denen, die das Wort gehört hatten, wurden gläubig; und die Zahl der Männer stieg auf ungefähr fünftausend“ (Apg. 4,4).

Ich könnte mir gut vorstellen, dass solche begeisternden Erfahrungen die ersten Christen öfter veranlasst haben zu tanzen, als ganz natürliche Freudenreaktion. Vielleicht ist das Schwinden dieser fröhlichen Ausdrucksweise ein Bild für das Schwinden des reinen Glaubens, mit dem Petrus und Johannes dem Lahmen begegneten.

Die Rückkehr des Tanzes

In den verschiedenen Tanzarten einer Epoche spiegelte sich immer die Einstellung gegenüber anderen Menschen und der Zeitgeist allgemein wider. So ist es bezeichnend, dass in den letzten zwanzig Jahren eine Entwicklung zum individualistischen Tanz stattgefunden hat. Auf Partys, in Discos usw. tanzt man gewöhnlich ganz für sich allein, die verbale Kommunikation ist auf ein Minimum reduziert. Dieses ich-orientierte Tanzen unterstreicht einen Lebensstil, der der Befriedigung persönlicher Bedürfnisse gewidmet ist. Was andere Menschen betrifft, und hier besonders die des anderen Geschlechts, so dienen sie lediglich als Mittel zum Zweck.

Christen können es sich leicht machen, diese Art zu tanzen gleich zu verdammen. Aber wir sollten nicht vergessen, dass viele Menschen hier die einzige Möglichkeit haben, sich als ganzheitliche Personen zu fühlen und zu erfahren; sie können mit dem Tanzen ihre Gefühle ausdrücken, Spannungen und Frustrationen abbauen.

Lucian von Samosata sagte Folgendes über das Tanzen: „Es bringt die Seelen der Menschen in den richtigen Rhythmus und zeigt, was die inwendige Schönheit der Seele mit der äußeren des Leibes gemeinsam hat, weil es den Punkt offenbart, wo die zwei ineinander fließen.“

Wenn es stimmt, dass Gott uns den Tanz als Möglichkeit gegeben hat (obwohl diese oft falsch verstanden und genutzt wird), den Einklang von Geist, Seele und Leib in einer freien Form auszudrücken, dann sollten wir versuchen, ihm diese Form darzubringen, statt sie zu verurteilen. Im Gegensatz zu anderen Leuten haben Christen sicherlich wesentlich mehr Anlass zu tanzen!

Viele Eltern haben Bedenken, welche Auswirkungen es haben könnte, wenn ihre Kinder zu Rock- oder Discomusik tanzen. Wenn sie ihre Kinder jedoch dazu erziehen würden, auch ihren Körper zur Anbetung einzusetzen, dann hätten sie viel weniger zu fürchten, weil die Kinder erstens gar kein so großes Bedürfnis hätten, in die Disco zu gehen, und zweitens auch das Tanzen dort als Form des Lobpreises gebrauchen könnten. Ich frage mich, wie viele junge Leute wohl in Discos gehen, weil sie in der Kirche nie ihre Lebensfreude und ihre Begeisterung über ihren Körper und seine Beweglichkeit ausleben können. Dabei sollten es doch die Christen sein, die der Welt zeigen, was es heißt, das Leben in all seinen Ausdrucksformen zu feiern und zu genießen! Ich finde, wenn der Tänzer erlöst ist, darf auch der Tanz erlöst werden.

Interessanterweise ist es Jesus, der das Tanzen im Neuen Testament direkt erwähnt, im berühmten Gleichnis vom Verlorenen Sohn. Viele Prediger würden es lieber als „Gleichnis vom älteren Bruder" betiteln, denn dessen Reaktion auf die Rückkehr des Jüngeren war wahrscheinlich ein ebenso wichtiger Teil der Geschichte: „Sein älterer Sohn aber war auf dem Felde; und als er kam und sich dem Hause näherte, hörte er Musik und Reigentanz . . . Da wurde er zornig und wollte nicht hineingehen" (Lk. 15,25.28).

Wir sollten in diese Stelle natürlich nicht mehr hinein lesen, als drin steht, besonders im Blick auf das Tanzen. Aber es wird doch deutlich, dass der ältere Sohn neidisch auf die allgemeine Fröhlichkeit über die Rückkehr seines Bruders war. Er war nicht einverstanden mit der vergebenden Liebe seines Vaters, eifersüchtig, dass zur Ehre seines Bruders so gefeiert wurde.

Diejenigen von uns, denen es schwer fällt, anderen beim fröhlichen Ausdruck ihrer Erlöstheit auch in der Form des Tanzens zuzusehen, sollten einmal die Motive ihrer Ablehnung überprüfen und sich fragen, ob sie vielleicht ähnlich wie der große Bruder in dem Gleichnis handeln. Andererseits sollten wir auch nicht alles blind akzeptieren, was unter dem Stichwort „Anbetung" so alles geschieht. Wir müssen lernen, Dinge zu verstehen und zu unterscheiden, damit wir uns selbst und untereinander behilflich sein können, in Gottes Sinne zu leben. Und ihm geht es nun mal nicht darum, sich an irgendeinen Status quo anzupassen, ob er nun in traditioneller oder neumodischer Form daherkommt.

Kapitel 10

Kreativität in der Anbetung

Vor einiger Zeit bekamen meine Frau und ich einen zwar betagten, aber funktionstüchtigen Farbfernseher geschenkt. Unser altes Schwarzweißgerät wurde beiseite gestellt und wir entdeckten die Welt in Farbe. Eine Zeit lang lenkte uns das sogar von der dürftigen Qualität des Fernsehprogramms ab. Vorher hatten wir genau die gleichen Bilder gesehen, aber unser Gerät hatte eben nur einen Teil dessen übertragen, was vor den Kameras geschah. In gleicher Weise versagt oft unsere Anbetung, wenn sie die Wahrheit über den Gegenstand unseres Glaubens beschreiben soll. Unsere Anbetung zeigt in Schwarzweiß (manchmal gar nur als Stillleben), was in Wahrheit ein prächtiger Farbfilm ist. Wenn Gott uns aufgefordert hat, seinem Wesen durch unsere Anbetung Ausdruck zu geben, dann müssen wir lernen und mit all unserer Kreativität versuchen, ganz genau das widerzuspiegeln, was wir von ihm „sehen".

Was ist kreative Anbetung?

Natürlich wird das Menschliche und Endliche immer Schwierigkeiten haben, wahre und lebendige Abbilder des Göttlichen und Unendlichen zu malen; ich frage mich, ob wir selbst in der Ewigkeit je an den Punkt gelangen, dass wir Gottes Eigenschaften angemessen beschreiben können. Trotzdem: Wir wurden nach seinem Bild geschaffen mit dem Ziel, dass unser Leben sein Wesen widerspiegeln soll. Wir werden niemals einen höheren Sinn für unser Leben entdecken als diesen. Und tatsächlich haben wir das Versprechen, dass wir uns eines Tages selbst anschauen und entdecken werden, dass wir ihm ähnlich sind (1. Joh. 3,2). Wir sollen das Medium sein, durch das das Göttliche sichtbar gemacht wird.

Wenn wir also dcn Vergleich mit dem Farbfernsehgerät wieder aufnehmen, dann sollten Geist und Seele wie die Kamera sein, die „sieht" und aufnimmt, und unser Körper, Leben und Verhalten sollten wie das Fernsehgerät das Gesehene sichtbar machen. Wir müssen sowohl lernen, klarer zu sehen, als auch Gottes Größe und Schönheit genauer widerzuspiegeln. Oft ist unsere Anbetung nur eindimensional und „schwarzweiß", und Gott wird dadurch nicht verherrlicht; wir selbst bleiben unberührt und Außenstehende wenig beeindruckt.

Stellen Sie sich vor, ein interessierter Nichtchrist würde in einen durchschnittlichen Gottesdienst eingeladen. Er hat gehört, dass Gott selbst sich bei einer solchen Versammlung offenbart. Welchen Eindruck würde er wohl bekommen? Vielleicht fühlte er sich wie in einem Gedenkgottesdienst für einen toten Gott – aber wüsste er, dass der lebendige Gott gefeiert wird, der uns Leben schenkt? Wäre er in der Lage, das bunte, bewegte Leben zu sehen, das Gott uns schenkt, oder würde er nur ein verblasstes Schwarzweiß-Foto wahrnehmen?

Kreative Anbetung bedeutet, dass Menschen ihre Gaben gekonnt einsetzen, um den Worten, Gaben und der Macht des Heiligen Geistes sicht-, hör- und fühlbaren Ausdruck zu verleihen.

Auch wenn eine Gruppe von Christen die Erfahrung macht, dass Gott in ihnen ist, so wird dies doch noch nicht automatisch sichtbar und Außenstehende können keine Spur von Gott darin erkennen. Das kann verschiedene Ursachen haben, aber ich denke, zum Teil liegt es daran, dass wir die Kreativität, die Gott uns gegeben hat, nicht wirklich einsetzen. Gott ist unendlich kreativ – das sehen wir an uns selbst und an der unbegreiflichen Schönheit seiner Schöpfung. Und er hat uns nach seinem Bild geschaffen – als schöpferische Wesen.

Fälschlicherweise assoziieren wir Kreativität oft ausschließlich mit Malerei, Bildhauerei, Musik usw. und werten so einen großen Teil der Menschen ab, die auch nach dem Bild unseres kreativen Gottes geschaffen wurden. Viele Dinge um uns herum entstammen der Kreativität von Menschen: die Stühle, auf denen wir sitzen, die Häuser, in denen wir leben, Worte und Melodien in unseren Liederbüchern, Computer, die unsere Rechnungen und Briefe schreiben. Wir alle sind kreativ, aber wir können es noch viel mehr sein, wenn wir uns bewusst machen, dass unsere Kreativität zum Lob Gottes dient.

Ein Gebiet, wo es uns an Kreativität mangelt, ist zum Beispiel die Kunst zu lieben: Liebe zu Gott, zu unseren Familien, zu Ehemann oder Ehefrau, Freunden, Fremden und Feinden. Da ich sehr viel reise und bei den verschiedensten Leuten zu Besuch bin, schätze ich es sehr, wenn jemand gastfreundlich ist; in den Versammlungen bin ich dankbar für gute Organisatoren. Die Kunst zu lieben kann sich auch in weisen Worten äußern, in der Kindererziehung, im Schenken usw. Wir dürfen Kreativität nicht nur auf eine Elite beschränken, die besonders talentiert in den bildenden Künsten ist.

Die Erlösung unserer Kreativität

Durch die Routine unseres Alltags bedingt neigen wir dazu, unser Leben „in Schwarzweiß" zu leben. Außerdem verlangt sowohl die Welt als auch die Kirche von uns Anpassung und viele fühlen sich auch nur dann sicher, wenn sie mit anderen konform gehen. Weil wir alle fehlerbehaftet sind, ist unsere Kreativität oft fehlgeleitet und wird zur Selbstdarstellung des Menschen statt zum Lob seines Schöpfers gebraucht.

Gott sandte Jesus in diese Welt, um die ganze Menschheit seinem Bild entsprechend wiederherzustellen. Das Bild, das wir von Gott widerspiegelten, war verzerrt und grotesk. Nun erneuert Gott unsere Persönlichkeiten, sodass wir ein wahrheitsgemäßes Bild von ihm wiedergeben können. Und so befreit er uns auch dazu, unsere Kreativität zu ihrem eigentlichen Zweck zu gebrauchen. Wie ich schon sagte, gehört schöpferisches Tun zu jedem Lebensbereich. Ich werde mich hier auf die Kreativität in der Anbetung konzentrieren, möchte aber betonen, dass wir unser ganzes tägliches Leben kreativer angehen sollten.

Um kreativ werden zu können, brauchen wir zumindest ein wenig Inspiration. Das kann ich als jemand, der Lieder schreibt, aus eigener Erfahrung sagen. Wie frustrierend, vor einem leeren Blatt Papier zu sitzen, das genau der Leere in meinem Kopf entspricht! Ohne einen Anstoß, der meine kreativen Energien freisetzt, bekomme ich gar nichts hin. Am besten gelingt so eine Arbeit in Zeiten der Veränderung oder unter Druck. Ich habe erlebt, dass die Inspiration selten vom Himmel fällt, sondern eher beim Sturm an den Strand gespült wird! Das heißt nicht, dass man nur in schwierigen Zeiten schöpferische Phasen erlebt, aber oft kristallisieren sich Wahrheiten in unserem Leben durch extreme Erfahrungen heraus, die dann als Basis für unser kreatives Denken und Handeln dienen. Wir erleben täglich, dass unser Leben ständig von Druck und Veränderungen geprägt ist – und so sollte es auch nicht lange dauern, bis wir wieder neu inspiriert werden.

Gott und wir

Ich will es noch anders sagen: Die dramatischen Ereignisse in unserem Leben sind Quellen für unsere Kreativität. Je mehr wir mit unerwarteten, extrem freudigen oder traurigen Erfahrungen konfrontiert werden und dabei lernen, uns immer mehr von Gott und seiner Gnade abhängig zu machen, desto mehr können wir von seiner Treue zu uns berichten. Verläuft unser Leben jedoch vorprogrammiert und langweilig, gibt es auch wenig mitzuteilen. Als Christen leben wir mit dem dramatischsten Ereignis überhaupt: Gott der Schöpfer wird Mensch in Jesus Christus und kommt uns ganz nah. Leben, Tod, Auferstehung und Himmelfahrt bilden die aufregendste Geschichte aller Zeiten und der Höhepunkt dieses Abenteuers steht uns erst noch bevor!

In der Zwischenzeit erleben wir als Einzelne und in unseren Gemeinschaften, wie Gott in unser Leben eingreift und sein Reich unter uns aufbaut. Er zieht uns immer näher zu sich. Das Schauspiel unseres Lebens ist so viel aufregender als jedes Theaterstück. Aber leider erkennen nur wenige, wie großartig die Ereignisse sind, an denen sie teilhaben. Sie sitzen lieber in den Zuschauerrängen und schauen zu, wie mutigere Leute sich auf den lebendigen Glauben einlassen.

Was setzt kreative Anbetung frei?

Gehen wir mal davon aus, dass wir das, was in unserem Inneren passiert, ausdrücken wollen. Gleichzeitig wirken Kräfte in uns und von außen auf uns ein, die bestimmen, in welchem Maß das freigesetzt wird, was in uns ist. Was wir von Herzen mitteilen, ist sehr persönlich und offenbart den anderen unser Wesen. Wenn wir etwas vom Heiligen Geist Inspiriertes weitergeben, können wir uns gefühlsmäßig nicht davon distanzieren – so fühlen sich zum Beispiel Pastoren oft sehr verletzbar, wenn sie ihre Predigt beendet haben, denn sie haben einerseits ihr innerstes Wesen offenbart und gleichzeitig die Verantwortung übernommen, Gottes Wort zu verkünden. Deshalb ist es wichtig, dass wir uns von Gott und untereinander geliebt und angenommen fühlen. Je mehr das der Fall ist, desto sicherer können wir uns fühlen und desto freier können wir uns einbringen. Wir sollten auch dafür sorgen, dass die Schüchternen unter uns etwas beitragen können; schließlich sollten wir anerkennen, dass Gott durch jede Person und Gabe sprechen kann.

Wenn wir in diesem Bereich wachsen wollen, dann sollten wir lernen, uns gegenseitig zu ermutigen und unsere offensichtlichen oder potentiellen Gaben zu gebrauchen.

Qualität entwickeln

Egal, auf welchem Stand unsere Fähigkeiten im Vergleich zu anderen sind – wir haben die Verantwortung, aus dem, was wir haben, das Beste zu machen. Dies wird im Gleichnis von den anvertrauten Pfunden deutlich. Und Paulus sagt in Kolosser 3,23: „Was immer ihr tut, daran arbeitet von Herzen als für den Herrn und nicht für Menschen."

Unter uns Christen ist die falsche Vorstellung verbreitet, dass Kreativität mit dem Anschalten eines Radios vergleichbar ist; nach Einstellen des Senders empfängt man sofort ein komplettes Programm. Wenn man manche Aussagen von Christen hört – wie zum Beispiel: „Gott schenkte mir dieses Lied" –, so ist man nach dem musikalischen Vortrag versucht anzunehmen, dass der Empfang da wohl leider ziemlich gestört gewesen sein muss. Es gibt zweifellos Gelegenheiten, wo wir Gottes Inspiration sehr deutlich erleben und ein Lied, oder was immer es ist, scheinbar ganz von selbst Form annimmt – aber in der Regel ist das Verhältnis von Inspiration und harter Arbeit so ungefähr 10 : 90.

Ein schönes Beispiel ist der 34. Psalm, der im Hebräischen in einer ganz besonderen Gedichtform geschrieben wurde, dem so genannten Akrostichon (d. h. die Anfangsbuchstaben, -silben oder -wörter der Verszeilen bilden in sich einen Satz). So etwas auszutüfteln erfordert viel Arbeit, Zeit und Geschick. Gott hat uns kreative Fähigkeiten gegeben und er freut sich über Gaben von uns, in die wir Liebe,

Sorgfalt und Zeit investiert haben, auch wenn er uns gelegentlich direkt und vollständig inspiriert.

In Psalm 33,3 finden wir die Aufforderung, Instrumente gekonnt zu gebrauchen, in 1. Chronik 15,22 lesen wir: „Kenanja, der Leviten Oberster, der Singmeister, unterwies sie im Singen; denn er verstand sich darauf." Auch für das Anwenden unserer geistlichen Gaben müssen wir gewisse Fertigkeiten entwickeln. Sie sind wie Werkzeuge in den Händen eines Schreiners, die, wenn sie mit Liebe, Weisheit und Einsicht benutzt werden, zur Herstellung eines wunderschönen, nützlichen Gegenstandes dienen können. Werden sie jedoch unachtsam und unfachmännisch gehandhabt, können sie beschädigen, verletzen und zerstören.

Der Rahmen dieses Buches erlaubt es nicht, weiter ins Detail zu gehen, außerdem gibt es über den hier beschriebenen Bereich schon genug andere Literatur. Der folgende kleine Überblick enthält keine großen Neuigkeiten, aber ich hoffe, dass er als Anregung und Ermutigung für die dient, die sich in ihrer Anbetung etwas festgefahren fühlen.

1. Musik

Zur Musik gehören Singen, Komponieren, Arrangieren und das Spielen von Instrumenten. Obwohl diesem Gebiet schon immer besondere Aufmerksamkeit gewidmet wurde, finden sich in vielen Gemeinden noch unentdeckte Talente. Auch wenn es an grundlegenden Begabungen mangelt, um einen Chor, eine Gesangsgruppe oder ein kleines Orchester zu bilden, können wir doch sehr viel tun, um unsere gesanglichen Qualitäten zu verbessern. Der Hauptgrund dafür, dass die Waliser besser singen als die Engländer, liegt – neben ihrer klangvollen Sprache – einfach darin, dass sie traditionell viel singen und stolz auf ihr Liedgut sind. Bei viel Übung können gute Sänger hervorragend werden und schlechte zumindest Durchschnittssänger. Überall, wo Menschen sind, gibt es auch immer einige mit musikalischen Fähigkeiten. Es ist wirklich traurig, wenn purer Mangel an Vorstellungskraft, Motivation oder Angst vor Veränderung die Menschen daran hindert, ihre musikalischen Fähigkeiten einzubringen und sie untätig in ihren Stühlen sitzen bleiben.

2. Tanz

Tanzen gehört offensichtlich zu einem Gebiet mit enormen Entwicklungsmöglichkeiten (siehe Kapitel 9).

3. Die Kunst der Schriftlesung

Das mag für einige vielleicht etwas seltsam klingen, aber das Lesen von Bibelstellen ist eine Kunst, die in der Anbetung meist vernachlässigt wird. Anstatt Texte einfach herunter zu lesen, könnte man zum Beispiel mit packendem Ausdruck lesen, versuchen, die Atmosphäre des Textes wiederzugeben oder die Empfindungen des Autors deutlich zu machen. Wenn wir wirklich glauben, dass die Worte der Bibel von Gott inspiriert sind, sollten wir sie entsprechend vorlesen, mit Autorität, Überzeugung und Leidenschaft. Um das zu lernen, könnte man zum Beispiel jemanden um Unterricht bitten, der Stimmbildung lehrt oder vielleicht beim Radio oder Fernsehen arbeitet. Neben dem Ausdruck können wir den Text interessant gestalten, indem zum Beispiel die darin auftretenden Personen von verschiedenen Leuten gesprochen werden, oder bei Passagen, die aus Fragen und Antworten bestehen, eine Person die Fragen vorlesen lassen und eine zweite die Antworten. Oder man könnte die ganze Gemeinde die Antworten lesen lassen. Es gibt viele Möglichkeiten, die zwar vielleicht nicht neu sind, aber in der Hektik der Vorbereitung oft vernachlässigt werden, weil man sich nicht die Zeit für Planung und Probe nimmt.

4. Die hohe Kunst des Schweigens

In unserer lauten Zeit kann Stille für manche Menschen

richtig gehend Furcht erregend sein und es scheint, dass immer weniger Leute echte Stille kennen, ganz zu schweigen von Zeiten der Stille in der gemeinsamen Anbetung. Viele fühlen sich unsicher oder verlegen, wahrscheinlich weil sie nicht gelernt haben, sich auf irgendetwas anderes als Lärm zu konzentrieren, von dem wir ja immer umgeben sind. So fällt es uns auch leichter, zu Gott – oder über ihn – zu sprechen, als ihm zuzuhören; wir sind mehr an dem interessiert, was wir zu sagen haben, als am Reden Gottes. Wenn zwei Menschen fähig sind, schweigend beieinander zu sein und einfach die Gesellschaft des anderen zu genießen, so zeugt dies von einer tiefen Freundschaft und großem Verständnis zwischen beiden. Genauso kann es sein, wenn wir Gott näher kennen lernen. Wir müssen lernen, zu schweigen, in der Gegenwart Gottes unsere „geistlichen" Ohren zu öffnen und über einen Satz oder Vers aus der Bibel nachzudenken. Die Kunst der Stille vor Gott zu kultivieren ist für jeden Menschen von großem Vorteil. Wenn wir Stille einüben, würde meiner Meinung nach auch unsere sonst oft so „laute" Anbetung viel bedeutungsvoller.

5. Sehen ist wichtiger als Hören

Vielen düsteren Kirchenräumen täte ein neuer Anstrich und eine ansprechende, moderne Gestaltung gut, aber noch wichtiger wäre es, sie mit visuellen Hilfsmitteln für die Anbetung auszustatten. So fertigen manche Gemeinden zum Beispiel große Fahnen an, auf die Bildergeschichten oder Bibelverse gedruckt sind. Neben der visuellen Anregung, die sie vermitteln, bereiten sie bei der Herstellung viel Freude und fördern die Verbundenheit untereinander. Unter Pädagogen ist die Ansicht weit verbreitet, dass man sich an Dinge, die man gesehen hat, doppelt so gut erinnert wie an welche, die man gehört hat. Wir sollten diese Tatsache bedenken und uns bemühen, Themen und Inhalte unserer Anbetung besser zu illustrieren.

6. Die Anbetungsleitung
Die Leitung der Anbetung ist eine sehr anspruchsvolle kreative Tätigkeit (siehe Kapitel 13) – und sie ist eine Kunst, die man lernen muss. Mit kreativer Planung können wir unsere Anbetungszeiten und -gottesdienste wieder neu beleben und interessant machen. Allein die Aufstellung der Stühle (falls vorhanden) fordert schöpferische Gedanken, um die beste Anordnung für die gemeinsame Anbetung zu finden.

7. Theater
Schauspielerische Darstellungen sind ein gutes Mittel, um Inhalte bildlich zu transportieren, sei es, dass biblische Szenen nachgespielt werden oder dass Aussagen auf unser heutiges Leben übertragen werden. Theater zu spielen ist für viele Menschen der effektivste Weg, ihre Liebe und Hingabe Gott gegenüber auszudrücken, und viele sind angerührt und erfahren geistliche Anregung, indem sie einfach zuschauen.

Ich hoffe, dass diese Liste Sie wenigstens an einige der offensichtlichsten Bereiche erinnert, denen größere Kreativität gut täte. Fragen Sie sich: Was tut Gott in meinem Leben? Fassen Sie sein Handeln und das, was er für Sie bedeutet, in Worte, Lieder, Musik, Bilder, Bewegungen und Tanz, benutzen Sie Muster, Symbole, Düfte, Geräusche, Geschmacksreize dazu. Seine Liebe zu uns ist so reich und genauso sollte unsere Anbetung sein.

Warentest

In der kreativen Anbetung benutzen wir oft unsere eigenen Worte und Gedanken, um Wahrheiten auszudrücken. Diese sollten wir aber immer sorgfältig an den Aussagen der Bibel prüfen. Ich habe zum Beispiel einige Male schauspielerische Darstellungen von biblischen Geschichten gesehen, bei denen die zentrale Aussage verzerrt oder überhaupt nicht vorhanden war, und schöne Lieder gehört, die aber vom Text her leider unbiblisch waren. Bedenken Sie, dass das, was Sie produzieren, die Zuhörer und Zuschauer beeinflusst. Wir haben die Verantwortung, unser Produkt genau zu prüfen und sicherzustellen, dass es das vermittelt, was wir zu sagen beabsichtigen. Natürlich ist auf dem Gebiet künstlerischer Kreativität unsere Wahrnehmung in großem Maß von unserem kulturellen Hintergrund und Geschmack geprägt. Deshalb ist es wichtig, einerseits die objektive Wahrheit der Bibel zum Maßstab zu nehmen, andererseits zu lernen, auf die Impulse des Heiligen Geistes zu hören, wenn Vorurteile in uns aufkommen sollten.

Kapitel 11

Welche Form passt?

In den letzten Jahren wurde viel dafür getan, vergessene Elemente der Anbetung wieder zu entdecken und vieles, was abgenutzt und leblos geworden war, zu erneuern. Es wäre jedoch naiv zu meinen, dass wir nun in unserem Verständnis und in der Praxis von Anbetung am Ziel wären – wenn überhaupt, haben wir vielleicht unser Verständnis erweitert, aber die Praxis hinkt immer noch weit hinterher. Eine Umfrage in einer beliebigen überregionalen christlichen Veranstaltung wird zeigen, dass die meisten Christen immer noch zu Gemeinden gehören, die in starren, leblosen Anbetungsformen gefangen oder durch Tradition, Kultur und Vorurteile in ihren Ausdrucksformen erheblich eingeschränkt sind.

„Lobpreis-Lotto"

Wie kann man lernen kann, Lobpreis und Anbetung zu verschiedenen Gelegenheiten in angemessener Weise und im Einklang mit Gottes Plänen zu praktizieren?

Der Inhalt unserer Anbetung sollte nicht willkürlich gewählt werden. Allzu oft ruft jemand: „Lasst uns Lied Nr. 86 singen!", nur weil es eben sein Lieblingslied ist. Auch kann es sein, dass der Anbetungsleiter willkürlich etwas auswählt, wobei die vermeintlich willkürliche Wahl eines Liedes sich oft als vom Heiligen Geist inspiriert erweist. Aber die Auswahl von Liedern ist nur ein Bereich, in dem wir leicht bestimmten Abfolgen und Mustern nachgehen können, ohne zu fragen warum.

Auf der anderen Seite kann man auch den Fehler begehen, alles Mögliche zusammen zu schustern, nur weil es etwas Neues oder anderes ist oder weil sich jemand etwas vorgenommen hat und es entsprechend durchziehen will. Wir sollten uns immer wieder fragen: Warum benutzen wir dieses Lied, diese Lesung, diese Melodie oder dieses Theaterstück? Wir sollten diese Fragen nicht in kritischer und destruktiver Weise stellen, sondern mit dem Wunsch, unsere Anbetung mit dem Handeln Gottes unter uns in Einklang zu bringen.

Kooperation mit dem Heiligen Geist

Wir sind daran gewöhnt, in unseren zwischenmenschlichen Beziehungen unsere Worte und Taten der gegebenen Situation anzupassen. Bei Hochzeiten wäre es unangebracht zu weinen (das darf höchstens die Brautmutter), bei Beerdigungen lacht man nicht und macht auch keine Witze. Normalerweise hängen am Sarg keine klappernden Blechbüchsen und die Neuvermählten fahren nicht gemessen in einem Leichenwagen durch die Gegend.

Ebenso sollten Inhalt und Form unserer Anbetung begründet und der Situation angemessen sein. Mag sein, dass der einzige Grund für eine bestimmte Form der Anbetung in einem Impuls während der Vorbereitung zu finden ist, von dem man annimmt, dass er göttlichen Ursprungs sei, oder einfach ein intuitives Handeln während der Anbetung. Ein Grund könnte zum Beispiel auch das Thema sein, das die Leitung unter der Führung des Heiligen Geistes gewählt hat. Um dieses Thema drehen sich dann die weiteren Aktivitäten im Gottesdienst. Auf jeden Fall sollten wir darauf achten, dass unsere Anbetung nicht von willkürlichen, unbedachten Entscheidungen geprägt wird. Wie ich schon sagte, soll Anbetung eine Antwort auf Gottes Wesen und Handeln sein, sei es gegenwärtig, vergangen oder zukünftig. Er ist ständig auf ganz spezielle Weise in und unter uns am Werk und so sollte unsere Anbetung auch eine sehr genaue Antwort auf dieses Handeln sein.

In Matthäus 21 wird von Jesu Einzug nach Jerusalem und der Austreibung der Geldwechsler und Taubenhändler aus dem Tempel berichtet – und auch davon, wie Jesus die blinden und lahmen Menschen dort heilte. In Vers 15 und 16 lesen wir: „Als aber die Hohepriester und die Schriftgelehrten die staunenswerten Taten sahen, die er vollbrachte, und die Kinder, die im Tempel schrien: Hosianna dem Sohne Davids!, wurden sie unwillig und sagten zu ihm: Hörst du, was diese sagen? Da sprach Jesus zu ihnen: Ja, habt ihr nie gelesen: ‚Aus dem Munde der Unmündigen und Säuglinge hast du dir Lob bereitet'?"

Könnte man nicht meinen, dass diese Kinder gar nicht genau wussten, welche Bedeutung ihre Worte hatten, hatten sie sie doch nur von den Erwachsenen übernommen und sich von der momentanen emotionalen Stimmung anstecken lassen? Jesu Reaktion zeigt, dass er den Lobpreis der Kinder als angemessen empfand, und zwar auf viererlei Weise.

Erstens war der Inhalt angemessen. Sie nannten Jesus „Sohn Davids", was als Name für den Messias gebräuchlich war – auch wenn die Priester und Schriftgelehrten empört und absolut nicht einverstanden mit diesem Ausdruck waren.

Zweitens priesen sie ihn in angemessener Weise. Sie „schrien", sie riefen laut vor Freude, weil sie Jesus und seine Wundertaten mit ihren eigenen Augen sahen. Wenn Wunder geschehen, sind Ausrufe der Verwunderung, Freude und des Lobes ganz sicher eine angemessene Reaktion!

Drittens sollten wir beachten, dass es die Kinder waren, die sein Lob ausriefen. Es war ein Willkommensruf für einen Retter, mit dem sich die Kinder identifizieren konnten – ein Zimmermann in schlichten Kleidern, in dessen Augen sich eine ganz besondere Anziehungskraft widerspiegelte. So oft werden Kinder misshandelt und ausgebeutet – sie stehen für die Unschuldigen und Machtlosen, zu deren Befreiung Jesus kam. Es war angemessen, dass die, für die das Reich Gottes bestimmt war, ihn lobten.

Viertens lobten die Kinder ihn im Tempel. Denken wir daran, welche Bedeutung das hatte. Gerade war Jesus in den Tempel gekommen, gefolgt von einer Horde einfacher Bettler und Kinder. In den Augen der religiösen Führer hatte er etwas Unerhörtes getan, als er die Kontrolle über das Symbol ihrer religiösen und wirtschaftlichen Macht zu übernehmen schien. Als er die Tische der Geldwechsler und Händler umstieß, wussten sie, dass ihr sensibles System aus Macht, Einfluss und Geld auf dem Spiel stand. Jeder wusste, dass hier Korruption und Erpressung herrschten, aber keiner wagte ein Wort der Kritik gegen die Reichen und Mächtigen, die alles in der Hand hatten. Und nun hatte Jesus sie herausgefordert! Im Jubel der Menge schwang sicherlich auch Befriedigung darüber mit, dass zum Schluss doch die Gerechtigkeit siegte. Die Menschen, die normalerweise keinen Zutritt zum Innenhof des Tempels hatten, wurden von Jesus hinein geführt.

Die Freude und Kraft seines Reiches begannen die Kontrolle zu übernehmen. Verglichen mit der Empörung und der freudlosen Gesetzeshörigkeit der Priester und Schriftgelehrten war das einfache Lob der Kinder in Jesu Augen genau passend für die Gelegenheit. Wenn wir diese Situation mit dem Text aus Jesaja 61 vergleichen, den Jesus in Nazareth – wie oben beschrieben – als sein „Manifest" vorlas, können wir die Bedeutung der Vorgänge noch besser verstehen; das Lob der Kinder war daher wirklich vollkommen und sogar prophetisch für diesen dramatischen Augenblick.

Nichts ohne Grund

Ein weiteres Beispiel für angemessene Anbetung finden wir in 2. Chronik 20,1–30. Um das zu verstehen, müssen Sie einmal die ganze Geschichte lesen. Der Bericht über die Befreiung Josaphats und des Volkes der Judäer gegen eine große Übermacht von Feinden enthält im weiteren Verlauf viele verschiedene Formen der Anbetung. Als Josaphat von einer bevorstehenden Invasion hört, ruft er das ganze Volk zusammen, um zu fasten und Gottes Rat zu suchen. In öffentlichen Gebeten wird Gottes Macht verkündet, sie gedenken seiner vergangenen Taten und seines Bundes mit Abraham und des Versprechens von Bewahrung. Sie bitten, dass Gottes Gerechtigkeit in dieser Situation siegt, sie bekennen, dass sie nur ihm vertrauen.

Gott antwortet ihnen in einem prophetischen Wort durch Jahasiel, durch das er ihnen Trost zuspricht, eine genaue Strategie mitteilt und den Sieg verheißt. Josaphat und das Volk werfen sich daraufhin in Demut vor dem Herrn nieder, während die Leviten sich erheben, um Gott „mit lauter Stimme" zu preisen. Am nächsten Morgen, neu ermuntert, Gott zu vertrauen, wählen sie Sänger aus, die die Armee anführen und dem Feind in „heiligem Aufgebot" und mit Dank auf den Lippen entgegentreten sollen. Während sie singen und Gott loben, verwirrt der Herr die feindlichen Truppen so sehr, dass sie sich gegenseitig umbringen. Nachdem sie die Beute aus der Schlacht eingesammelt haben, verbringen die Judäer den nächsten Tag damit, Gott zu danken und ihn zu loben. Nach Jerusalem zurückgekehrt, feiern sie dann ein Fest mit „Harfen, Leiern und Trompeten".

Eine passende Reaktion

Wir finden hier viele verschiedene Formen der Anbetung, vom Fasten bis zum Rufen, vom demütigen Sich-Niederwerfen bis zum Feiern – und alles taten die Judäer aus einem bestimmten Grund. Fasten und Beten war für sie der beste Weg zu zeigen, wie ernst sie Gott nahmen. Sie warfen sich vor ihm nieder, weil ihnen das die geeignetste Art schien, ihrer Verwunderung und Ehrfurcht für einen so gnädigen und mächtigen Gott Ausdruck zu verleihen. Die Leviten priesen Gott mit lauter Stimme, denn eine gemäßigte Lautstärke hätte in diesem Moment fast als Beleidigung Gott gegenüber gewirkt, der ihnen ja eine großartige, vollständige Befreiung versprochen hatte. Die Form ihrer Anbetung war im Verlauf dieser dramatischen Begebenheit um Leben und Tod jeweils der Situation angepasst.

Es scheint, dass wir beginnen, Unpassendes oder Überflüssiges zu tun, wenn wir im Glauben wenig erleben. Natürlich ist in dieser Geschichte die Anbetung besonders ausdrucksstark, weil es hier wirklich um Leben und Tod geht, aber trotzdem gibt es keinen Grund, weshalb unsere Anbetung in weniger angespannten Situationen nicht genauso passend gestaltet werden sollte.

Wir sollten einen Aspekt der oben beschriebenen Geschichte nicht vergessen: Die Judäer hatten durch ihren kulturellen Hintergrund viele Möglichkeiten zur Anbetungsgestaltung parat, sodass sie wahrscheinlich ganz intuitiv in den verschiedenen Situationen angemessen reagierten. Zwar durchlief das religiöse Leben der Hebräer regelmäßige Perioden des Verfalls, doch darf man nicht vergessen, dass sich ihre ganze Kultur um die Anbetung Jahwes drehte, für die es feste Formen gab.

Nun können die Christen des 20. Jahrhunderts auf fast 2.000 Jahre zurückblicken, in denen sich auf der Basis des hebräischen Erbes eine reiche Kultur der Anbetungsformen hätte entwickeln können. Aber leider haben die meisten von uns nicht die Spur einer Vorstellung davon, wie das aussehen könnte. Aus verschiedenen Gründen haben wir uns auf ein extrem kleines Repertoire beschränkt, das zu nichts weniger passt als zum Reich Gottes. Wir befolgen Regeln, die uns lediglich eine sitzende, kniende oder stehende Position erlauben, immer beherrscht und auf keinen Fall emotional. Es ist an der Zeit, dass wir unser reiches Erbe wieder entdecken (und es ist noch viel reichhaltiger, als die meisten von uns annehmen) und verschiedenste Formen entwickeln, damit wir in angemessener Weise auf Gottes Wirken in, an und um uns herum antworten können. (Im nächsten Kapitel werde ich näher auf die Sensibilität eingehen, die nötig ist, um die geeigneten Formen der Anbetung herauszufinden.)

Reiche Mischung aus Altem und Neuem

Während wir einerseits beginnen können, in der Kirchengeschichte nach vergessenen Anbetungsformen zu forschen und sie wieder in Gebrauch zu nehmen, sollten wir es uns auch zur Gewohnheit machen, Gott Fragen wie die folgenden zu stellen: „Wie können wir dich in diesem Moment in angemessener Weise anbeten? Was würde dir gefallen? Was würde uns am tiefsten in die Gemeinschaft mit dir führen, Vater? Wie können wir als deine Kinder enger zusammenkommen?“

Wir müssen unbedingt üben, solche Fragen zu stellen, wenn wir unsere beschränkten Gewohnheiten entstauben wollen. Leider scheint unsere Anbetung oft nach dem Geschmack der Mehrheit gestaltet zu sein (damit die meisten zumindest die meiste Zeit glücklich sind), anstatt nach den Wünschen Gottes. Es gibt zwar viele verschiedene Ansichten darüber, was Gott gefällt, aber Tatsache ist doch, dass wir an ihn meist zuletzt denken.

Genau wie Jesus den Kindern im Tempel zuhörte, als sie riefen „Hosianna dem Sohn Davids“, und es als vollkommenen Lobpreis ansah, der genau in die Situation passte, so ist er unsichtbar mitten unter uns, wenn wir ihn anbeten; er hört zu und freut sich an den Herzen, die ihm in angemessener Weise Antwort geben.

Kapitel 12

Die Anbetungsleitung I

Anbetung leiten – aber wohin?

Das Thema der Anbetungsleitung ist sehr komplex, zumal es Unmengen verschiedener Auffassungen darüber gibt, was man in der gemeinsamen Anbetung zu tun und zu lassen hat. Offiziellen Erhebungen zufolge gibt es weltweit über 20.000 christliche Denominationen, von denen wahrscheinlich jede ihre eigene Auffassung darüber hat, wie Anbetung gestaltet werden sollte!

In Anbetracht dieser Tatsache gebe ich hier kein Muster zur Nachahmung vor, sondern versuche eher, Prinzipien zu zeigen, die in unterschiedlichen Situationen angewendet werden können. Allerdings lege ich den Schwerpunkt auf die Leitung von freier Anbetung, bei der alle Beteiligten – anstatt sich streng an ein festgesetztes Programm zu halten – versuchen, sich durch den Geist in einen Prozess hineinführen zu lassen, der für diese Gruppe von Menschen zu diesem Zeitpunkt einzigartig und wichtig ist.

Beim Nachdenken über die Rolle des Anbetungsleiters sollten wir zuerst einmal fragen – und das vergessen wir anscheinend oft – : „Wohin bringen wir die Menschen?“ Deshalb will ich hier den Versuch einer Zielbestimmung machen.

Im Allerheiligsten

Genau zu dem Zeitpunkt, als Jesus am Kreuz starb, ereignete sich im nahe gelegenen Tempel etwas Seltsames und

Dramatisches. In den Berichten von Matthäus, Markus und Lukas wird beschrieben, dass in diesem Moment der Vorhang im Tempel von oben bis unten in zwei Stücke riss. Für Menschen, die wenig über den jüdischen Glauben wissen, mag dieser Vorfall unverständlich oder unwichtig erscheinen, aber tatsächlich war es ein Ereignis von außergewöhnlicher Bedeutung.

Für die Juden stellte der Vorhang die unüberwindbare Schranke vor dem Allerheiligsten dar, dem Ort, an dem Gott gegenwärtig war. Er wurde nur einmal im Jahr und nur von dem Hohenpriester betreten, der das Opfer für die Sünden des Volkes darbrachte. Für den Rest des Jahres und für den Rest der Welt war dieser Ort in geistlicher Beziehung genauso tabu, wie Fort Knox (das Hauptdepot des Staatsschatzes der USA) für Einbrecher verschlossen ist.

Worin lag also die Bedeutung dieser Begebenheit? Der Vorhang symbolisierte die Fehlerlosigkeit und Reinheit Jesu, den vollkommenen Maßstab für Heiligkeit. Der gefallene Mensch konnte diese Schranke nie passieren, und trotz seiner jährlichen Wallfahrten, bei denen er Tieropfer darbrachte, um seine Sünden zu sühnen, war der Vorhang da und verdeutlichte für jeden die Tatsache, dass er von der Gegenwart Gottes ausgeschlossen war.

Das Allerheiligste befand sich im Herzstück des Tempels. Der Grundriss des ganzen Gebäudes war der Stiftshütte nachempfunden, dem Zelt, das zur Zeit Moses in der Wüste stand. Bevor Sie sich nun fragen, was das alles mit Anbetungsleitung zu tun hat, ist es wichtig zu verstehen, dass Gott den Originalgrundriss als Muster, als eine Art historischer Sehhilfe gegeben hatte, um uns geistliche Wahrheiten zu verdeutlichen, die ihre Erfüllung in Jesus finden würden.

Über tausend Jahre lang hatte ein schwerer Vorhang die Barriere zwischen Gott und Mensch dargestellt und plötzlich war er in zwei Hälften zerrissen. Dass dies nicht Menschen getan hatten, war daran zu erkennen, dass er von oben nach unten und nicht von unten nach oben zerrissen war. Von einem Moment zum anderen wurde aus dem Symbol des Ausgeschlossenseins ein Eingang: Als Jesus sein Leben am Kreuz ließ, bahnte er für alle Menschen den Weg in die Gegenwart des heiligen Gottes. Jesus, der große Hohepriester, hatte ein für alle Mal das nötige Opfer gebracht, um den Weg zu ebnen.

Wenn wir in Johannes 1,14 über Jesus lesen, dass „das Wort Fleisch wurde und unter uns wohnte", dann ist es bezeichnend, dass dieses Wort „wohnte" eigentlich „zeltete" bedeutet. Jesus zeltete unter uns und in ihm findet alles seine Erfüllung, was die Stiftshütte in der Wüste symbolisierte.

Ein Tempel aus „lebendigen Steinen"

Das Allerheiligste war für die Juden das eigentliche Herz der Anbetung, der Ort, an dem Gott in Heiligkeit und blendendem Licht wohnte. Zu Moses Zeiten hatten sie vor Furcht gezittert, als er seine Macht und seinen heiligen Zorn auf dem Berg Sinai zeigte und seine Gegenwart erfüllte sie mit ehrfürchtiger Scheu. Aber jetzt sind wir durch den Glauben an Jesus eingeladen, in dieses Heiligtum zu kommen, um Gott als unserem Vater zu begegnen.

Wo immer Christen zusammenkommen, betreten sie das Allerheiligste, um mit ihrem himmlischen Vater Gemeinschaft zu haben. Statt eines Zeltes aus Tierhäuten oder eines Tempels aus Steinen sind heute *wir selbst* der Tempel, „lebendige Steine", durch Liebe und Einheit miteinander verbunden. In diesen lebendigen Tempel sind wir immer eingeladen, durch den zerbrochenen Leib Christi als geöffnetem Vorhang in engste Gemeinschaft mit Gott zu treten. „Zu ihm tretet hinzu, dem lebendigen Stein, der von den Menschen zwar verworfen, vor Gott aber auserwählt, kostbar ist, und lasset euch auch selbst wie lebendige Steine aufbauen als ein geistliches Haus zu einer heiligen Priesterschaft, um geistliche Opfer darzubringen, die Gott angenehm sind durch Jesus Christus" (1. Petr. 2,4–5).

Wenn wir uns mit unseren Geschwistern treffen, sollten wir daran denken, dass wir diese „lebendigen Steine" sind. Wenn wir Gott erlauben, an uns zu arbeiten, können wir es wagen, in das Allerheiligste zu treten und Gottes Gegenwart in unserer Versammlung zu erfahren.

Die Stiftshütte ist ein anschauliches Beispiel für das Wesen von Anbetung. Ich will jetzt weder die Anordnung der Elemente von Anbetung darlegen noch vollständig den reichhaltigen Symbolcharakter dieses heiligen Zeltes deuten, aber es werden hier so viele wichtige Prinzipien angesprochen, dass wir davon bestimmt profitieren können.

Als Erstes sollten wir unseren Blick auf Gott richten und aus dem Alltagstrott heraustreten, um unsere Aufmerksamkeit ausschließlich der Anbetung zu widmen. Diese Entscheidung treffen wir freiwillig und wir sollten dies wohl überlegt tun. In Psalm 100,4 lesen wir die Ermahnung: „Ziehet ein durch seine Tore mit Danken, in seine Vorhöfe mit Lobgesang."

Ungefähr ein Drittel der Psalmen beginnt mit Lobpreis oder der Aufforderung, Gott zu danken und zu preisen. Oft wurden Psalmen gesungen, wenn die Menschen zum Tempel gingen, und beim Lesen der Psalmen hat man heute oft das Gefühl, dass Gott wirklich gefeiert wurde und die Menschen ihm für seine Güte und Größe dankten. Intensives Danken und Preisen bereitet uns darauf vor, uns Gott zu nähern, fähig zu werden, uns von den Bürden des Lebens und den Sorgen um uns selbst frei zu machen. Danksagung lenkt unseren Blick von uns selbst zum Geber hin. Wenn wir uns mit Geist, Seele und Leib in dieser Weise eingestimmt haben, ist aus unserer konsumierenden eine offene, gebende Haltung geworden.

Geschenke bringen

Ein Anbeter hätte damals das Tabernakel nicht mit leeren Händen betreten; er hätte eine Opfergabe mitgebracht. Da unser Opfer zuerst und hauptsächlich wir selbst sind (Röm. 12,1), kommen wir nicht mit leeren Händen. Und als Zeichen, dass wir uns Gott ständig als Opfer darbringen, geben wir die Gaben, die in Hebräer 13,15–16 beschrieben sind: „Durch ihn (Jesus) also lasset uns Gott jederzeit ein Opfer des Lobes darbringen, das heißt: eine Frucht der Lippen, die seinen Namen bekennen. Der Wohltätigkeit aber und der Gemeinschaft vergesset nicht! Denn an solchen Opfern hat Gott ein Wohlgefallen."

Ein Mensch, der vollkommen Gott gehört, wird im Danken und Lobpreis, im Tun des Guten und Teilen mit anderen nicht nachlassen.

Dank- und Lobpreispsalmen wurden gewöhnlich aus einem besonderen Grund geschrieben, zum Beispiel um Gott für die Taten, die er vollbracht hatte, oder auch für sein unveränderliches Wesen zu preisen. Oft müssen wir uns an die wunderbaren Wahrheiten über ihn erinnern, bevor wir erwarten können, ihm „von Angesicht zu Angesicht" zu begegnen. Wir können nicht mit jemandem vertraut sein, bevor wir nicht Fakten über ihn kennen.

Reine Hände und ein reines Herz

Viele Handlungen der Anbetung in der Stiftshütte symbolisieren die Notwendigkeit, dass wir uns auf die Gegenwart Gottes vorbereiten müssen. Auf dem Altar lag das Brandopfer, dessen Rauch zum Himmel aufstieg. Dies illustriert, dass wir uns Gott völlig hingeben müssen, genau wie Jesus sich völlig für uns hingab. Das Becken aus Messing, in dem sich die Priester wuschen, bevor sie Gott dienten, deutet auf die Notwendigkeit unserer Reinigung hin; wir sollten nicht in das Heiligtum stolpern, ohne dass wir von unseren Sünden gereinigt sind. In Psalm 24,3–4 heißt es: „Wer darf hinaufziehen zum Berge des Herrn? Wer treten an seine heilige Stätte? Wer reine Hände hat und ein lauteres Herz."

Hinter dem Vorhang des Vorraums zum Allerheiligsten sehen wir den Tisch mit den Schaubroten. Er weist auf das Abendmahl hin und ist gleichzeitig Symbol dafür, dass wir als Glieder eines Leibes zusammenkommen, dass die Einheit, die Jesus in Johannes 17 für uns erbat, erhalten werden muss, wenn wir Gottes Herrlichkeit sehen wollen.

Die einzige Lichtquelle in diesem geschlossenen Raum bildet der goldene Leuchter. Er weist auf das Licht hin, das der Heilige Geist auf das Wort Gottes wirft. Dieses Licht kann der „natürliche" Mensch nicht sehen (1. Kor. 2,14). Das Wort Gottes, das wir durch den Heiligen Geist – und nicht mit unserem Verstand – begreifen, dient dazu, unsere Anbetung zu erleuchten und ihr Schönheit zu verleihen.

Vor dem Vorhang (der ja nun zerrissen ist und den Weg zum Allerheiligsten freigibt) befindet sich der Rauchopfer-Altar als Symbol für das Gebet.

Er deutet auf die Fürbitte des auferstandenen und aufgefahrenen Christus hin, die er in unserem Namen vor Gottes Thron vorbringt. Seine Gebete und unsere Gebete werden eins und steigen als Wohlgeruch zum Herrn empor.

Ehrfurcht und Staunen

Wir nähern uns dem Ziel. Der Weg führt durch den zerrissenen Vorhang, der den gebrochenen Leib Christi am Kreuz symbolisiert. Nachdem wir Gott besungen, ihm gedankt und ihn gepriesen haben, beginnen wir, seine Majestät wahrzunehmen, und unsere Aktivität wandelt sich in Verehrung und Ehrfurcht um. Hier wird unser Tun zum Sein; unsere Taten machen der Stille Platz.

Im Allerheiligsten stellen wir fest, dass wir über das Bild

der Gnade Gottes nur staunen können und dann versuchen, es in uns aufzunehmen. Wir stehen dem vollendeten Werk Christi gegenüber.

Wir sehen das Blut, das auf dem Altar versprengt ist, als Zeichen für den Preis, der bezahlt wurde, um uns hierher zu bringen. Wir können nun aufhören zu versuchen, uns irgendwie annehmbarer für Gott zu machen oder uns selbst für unsere Sünden zu bestrafen: Christus hat schon alles getan, wir haben die weißen Kleider der Gerechtigkeit angezogen.

Unser Lob wird zu Anbetung und Verehrung, wenn wir über seine große Gnade nachdenken. Vor uns steht die Bundeslade, deren Inhalt von Jesus und seiner Bedeutung für uns spricht. (Die Bundeslade bestand aus Holz, war aber innen und außen völlig mit Gold überzogen. Holz gibt uns einen Hinweis auf die menschliche Natur, Gold auf die Göttlichkeit – ein Bild für das Wesen Christi.)

Ausruhen in seiner Nähe

In der Bundeslade befinden sich drei wichtige Gegenstände. Die Steintafeln mit dem mosaischen Gesetz zeigen Gottes Maßstab für Gerechtigkeit. In Christus sind diese Gesetze, die wir selbst nie befolgen könnten, vollständig erfüllt. Und wenn wir in Christus sind, ist dieses Gesetz in unser Herz geschrieben (Hes. 36,26–27). Wieder können wir nur darüber staunen, dass er das Werk für uns vollendet hat.

Der zweite Gegenstand ist ein Gefäß voll Manna, mit dem Gott die Israeliten in der Wüste versorgte. Im Neuen Testament bezieht sich Jesus auf dieses Manna: „Ich bin das Brot des Lebens. Eure Väter haben in der Wüste das Manna gegessen und sind gestorben; dies ist das Brot, das aus dem Himmel herabkommt, damit man davon isst und nicht stirbt. Ich bin das lebendige Brot, das aus dem Himmel herabgekommen ist" (Joh. 6, 48–51).

In der Anbetung bekommen wir Nahrung von Jesus, der unser Versorger ist. Die Menschen in der Wüste hatten jeden Tag genug Manna, um ihren täglichen Hunger zu stillen. So wird uns Christus jeden Tag unseren Bedarf stillen. Gott versorgt uns vollständig.

Als Drittes finden wir den Stab Aarons in der Bundeslade. Von dem einfachen Holzstock wird in 4. Mose 17 berichtet, wie er einmal über Nacht in der Gegenwart Gottes niedergelegt wurde. Am nächsten Morgen hatte er gleichzeitig Knospen, Blüten und Früchte hervorgebracht. Dies wird als Symbol für die Auferstehung Jesu von den Toten zur ewigen Priesterschaft verstanden: „Du bist Priester in Ewigkeit nach der Weise Melchisedeks" (Hebr. 5,6). In Hebräer 7,24–25 lesen wir: „Dieser aber hat, weil er in Ewigkeit bleibt, das Priestertum als ein Unwandelbares inne. Und daher kann er die, welche durch ihn zu Gott kommen, auch völlig erretten, weil er immerdar lebt, um für sie einzutreten."

Während die Priester im Tabernakel keinen Platz zum Sitzen hatten, weil ihre Arbeit niemals als abgeschlossen galt, lesen wir von Jesus in Hebräer 10,12: „Dieser aber hat sich, nachdem er ein einziges Opfer für die Sünden dargebracht hat, für immer zur Rechten Gottes gesetzt."

Wieder wird das vollendete Werk Christi durch unsere Anbetung sichtbar. Wir sind „in Christus" und haben dadurch teil an seiner Auferstehungskraft; wir sind selber zu „Königen und Priestern" (Offb. 5,10) geworden, die bei ihm sitzen (Eph. 2,6), auch wenn wir noch mit beiden Füßen fest auf der Erde stehen.

Ein Ort der Gemeinschaft mit Gott

Es mag vielleicht etwas seltsam erscheinen, diese drei Gegenstände der Bundeslade auf unsere heutige Anbetung zu beziehen, aber ich glaube, dass uns diese Bilder wichtige Hinweise darauf geben können, wohin Anbetung führen sollte. Zu oft nähern wir uns Gott nur bis kurz vor das Allerheiligste. Nach unserem Loben, Danken, Singen und Beten sind wir oft ein wenig ziellos und fragen uns, was als Nächstes dran ist. Die oben beschriebenen Bilder verdeutlichen, dass da, wo Gemeinschaft mit Gott ist, ein Ort der Ruhe ist. Diese Ruhe gründet sich darauf, dass Gott durch Jesus Christus schon alles zu unserer Errettung und Versorgung getan hat. Wir können nichts hinzufügen, all unser Kämpfen und Bemühen kann und muss sogar aufhören. In Hebräer 4,10 heißt es: „Denn wer in seine Ruhe eingegangen ist, ruht auch selbst von seinen Werken."

Sobald wir in Gottes Ehrfurcht gebietende Gegenwart eintreten, kann sein vollendetes Werk seine Wirkung in unserem Leben entfalten und wir können wieder hinausgehen mit der neuen Sicherheit, dass er mit uns sein Reich baut. Außerdem können wir in Gottes Gegenwart aus seiner Kraftquelle schöpfen und werden so zum Dienst für ihn befähigt. Hier lernen wir, zu staunen und zu hören, mit dem Gott und Vater aller Menschen Gemeinschaft zu haben – diese Erfahrung wird uns auf jeden Fall verändern!

Wir entdecken dann auch, dass diese Begegnung mit Gott geistlich gesehen eine Begegnung zwischen Himmel und Erde ist. Der Hebräerbrief, der so viel über die Priesterschaft Jesu sagt, beschreibt unsere neue Stellung in Hebräer 12,22–24: „Ihr seid gekommen zu dem Berg Zion und zu der Stadt des lebendigen Gottes, dem himmlischen Jerusalem, und zu Zehntausenden von Engeln, zur Festversammlung und Gemeinde der Erstgebornen, die in den Himmeln aufgeschrieben sind, und zu dem Mittler des neuen Bundes, Jesus, und zu dem Blut der Besprengung, das mächtiger redet als das des Abel."

Hier scheinen Himmel und Erde ineinander überzugehen; daher fühlen wir uns bei der Anbetung manchmal, als seien wir schon halbwegs dort. In der Anbetung schließen wir uns dem himmlischen Lob der Engel und Heiligen an, wir kommen mit der Ewigkeit in Berührung. Nur durch diesen Kontakt mit dem Himmel können wir die Pläne und Ziele Gottes für sein Reich auf dieser Erde verstehen und würdigen.

Ich will diese Lektionen über die Stiftshütte nicht zu einem Rezept für die Gestaltung unserer Anbetung machen, zu einer genauen Checkliste und Reihenfolge, der wir immer sklavisch folgen müssten – auch die frühen Kirchen haben ganz sicher nicht mit einem Plan der Stiftshütte in der Hand ihre Anbetungsgottesdienste durchgeführt. Dennoch sind die aufgeführten Prinzipien von Gott eingesetzt und dienen zu unserer Anleitung, wie wir die Menschen in die Gegenwart Gottes führen sollen, wenn wir die Verantwortung der Anbetungsleitung haben.

„Da wir nun, ihr Brüder, durch das Blut Jesu zuversichtliche Hoffnung auf den Eingang in das Heiligtum haben – in den er uns eingeweiht hat als einen neuen und lebendigen Weg durch den Vorhang, das heißt: durch sein Fleisch und einen großen Priester über das Haus Gottes, so lasset uns hinzugehen mit wahrhaftigem Herzen in der Fülle des Glaubens, in den Herzen gereinigt vom bösen Gewissen und am Leibe gewaschen mit reinem Wasser" (Hebr. 10,19–22).

Nachdem wir hier nun einen kurzen Blick auf den Weg geworfen haben, den wir in der Anbetung gehen, will ich im nächsten Kapitel die Ausrüstung und Fähigkeiten erläutern, die uns auf der Reise behilflich sein können.

Anmerkung: Besonders wichtig ist Musik in den verschiedenen Bereichen der Anbetung – auch dies wird im nächsten Kapitel weiter erläutert.

Kapitel 13

Die Anbetungsleitung II

Glücklicherweise ist in letzter Zeit unter den Gläubigen das Bewusstsein für die Bedeutung der Anbetung gewachsen und viele Gemeinschaften haben Zeiten der „freien" Anbetung; allerdings wird die Aufgabe der Anbetungsleitung dabei oft sehr schlecht ausgeführt. Mit dem Wunsch nach mehr Freiheit in der Anbetung entwickeln sich bisweilen Chaos und Unordnung, weil einfach jeder macht, was er will.

Oft hat auch ein falsches Verständnis dessen, was „Führung durch den Heiligen Geist" bedeutet, dazu geführt, dass alles, was nicht ganz spontan geschah, als nicht von Gott inspiriert, sondern von Menschen produziert angesehen wurde. Im Gegenzug gegen alte und steife Traditionen hat sich ein Misstrauen gegen Planung, klare Leiterschaft und gute Organisation entwickelt. Man kann jedoch häufig erleben, wie nachteilig sich schlechte Leitung, Mangel an Planung oder einfach die Unfähigkeit von Musikern auf die Atmosphäre der Anbetung auswirken.

Das Wichtigste: Seien Sie selbst Anbeter!

Anbetungsleitung ist eine Aufgabe für Menschen, die dafür berufen und begabt sind. Allerdings ist sie auch eine Kunst, die man erlernen kann, und wer sich hier engagiert, sollte das Lernen sehr ernst nehmen. Das wichtigste Prinzip dabei betrifft jedoch nicht die technische Erfahrung, sondern das Herz. Um andere in der Anbetung zu führen, müssen Sie selbst ein Anbeter sein. Es steckt viel Wahrheit in dem Satz, dass man niemanden weiter führen kann, als man selber gegangen ist. Wenn Sie kein echtes Bedürfnis haben, Gott anzubeten, werden Sie auch andere nicht sehr weit bringen.

Inmitten aller praktischen Erwägungen – die richtigen Lieder auswählen, Gespür für die Atmosphäre entwickeln, die rechten Akkorde spielen usw. – muss die Hauptaufgabe darin bestehen, dass Sie in Ihrem eigenen Geist vor Gott aktiv werden und ihm echten Dank, Liebe und Lobpreis bringen!

Seien Sie ein Diener!

Ein Anbeter muss eine dienende Haltung zeigen. Das ist für jede Art christlicher Leiterschaft wichtig. Jesus sagte: „Denn auch der Sohn des Menschen ist nicht gekommen, damit ihm gedient werde, sondern damit er diene." Er lebte und lehrte Dienerschaft und illustrierte diese revolutionäre Art der Leiterschaft sehr anschaulich, als er seinen verwunderten Jüngern die Füße wusch – eine Arbeit, die normalerweise den niedrigsten Sklaven vorbehalten war.

Die Anbetungsleitung darf nicht dazu missbraucht werden, Macht auszuüben oder sich selbst zu erhöhen. Einem guten Diener kommt es vor allem darauf an, seinem Herrn zu gefallen und nicht sich selbst. Er wird keine Mühe scheuen, seine Arbeit so gut wie möglich zu tun. Er wird sich anstrengen, in den praktischen Anforderungen seiner Arbeit Geschick zu entwickeln und seine Fähigkeiten auszubauen.

Praktische Überlegungen

Wenn der Anbetungsleiter mit seiner Stimme, einem Instrument oder auch mit beidem leitet, dann ist ein angemessenes musikalisches Können notwendig. Es ist schwer, dafür einen allgemeinen Maßstab aufzustellen, weil es auf der einen Seite viele Menschen mit begrenzter musikalischer Ausbildung gibt, die aber eine Lobpreiszeit mit großem Einfühlungsvermögen zu leiten verstehen, während es auf der anderen Seite einigen bestens ausgebildeten, befähigten Musikern nicht gelingt, ihr Können in der Anbetung anzuwenden!

Die Befähigung sollte also daran gemessen werden, ob eine Person den Fluss der Anbetung aufrechterhalten kann, ohne ständig wegen technischer Unzulänglichkeiten unterbrechen zu müssen. Für das Spielen eines Instrumentes gibt es ein Mindestkönnen. Wird dieses nicht erreicht, so stört das „Spiel" den Geist der Anbetung eher, als dass es ihn vertieft. Wenn die Aufmerksamkeit der Anbetenden wiederholt durch Missklänge, Unterbrechungen und Verwirrung der Musiker abgelenkt wird, dann wäre es wahrscheinlich sinnvoller, die Instrumente ganz wegzulassen.

Wenn ich sage, dass ein Mindestmaß an Können Voraussetzung ist, dann meine ich damit nicht, dass wir uns mit diesem absoluten Minimum zufrieden geben sollten. So wie wir ermahnt werden: „Singet dem Herrn ein neues Lied", so gibt es auch Ermunterungen wie: „Schlagt fein die Saiten!" (Ps. 33,3).

Viele von uns haben schon erlebt, wie das gekonnte Spiel auf einem Instrument eine Atmosphäre schaffen kann, die der Anbetung besonders förderlich ist. Tatsache ist allerdings, dass nicht genügend wirkliche Könner zur Verfügung stehen. Trotzdem kann auch ein nicht so guter Musiker durch entsprechendes Üben und Entschlossenheit gute Fortschritte machen.

Vorbereitung mit Verstand

Wir brauchen auf jeden Fall eine ziemlich umfangreiche Sammlung von Liedern, Melodien und Arrangements. Der

Anbetungsleiter sollte wissen, wie ein Lied am besten begonnen und beendet wird. Oft fehlt es an positiven einführenden und umrahmenden Worten, sodass die Musiker und Zuhörer planlos in die Lieder hinein und wieder heraus stolpern und ein Gefühl der Unsicherheit entsteht. An sich sollte das selbstverständlich sein, aber Anbetungsleiter vergessen oft, sich im Voraus zu vergewissern, dass die Tonart stimmt. Dann gibt es andere Störungen während der Anbetungszeit, zum Beispiel wenn man in der Mitte eines Liedes entdeckt, dass keiner, bis auf eine Hand voll tapferer (oder unmusikalischer) Seelen, die höchste Note erklimmen kann! Gewöhnlich bleibt einem dann nichts anderes übrig, als abzubrechen und neu zu beginnen, und dann ist meist die Atmosphäre schon empfindlich gestört. Andererseits kann so etwas auch das Eis brechen, weil wir über uns selbst lachen können; aber das ist natürlich keine Entschuldigung dafür, vorher nicht alles genau zu überprüfen.

Ein anderer sehr einfacher, aber häufig vernachlässigter Punkt bei der Vorbereitung des Anbetungsleiters ist, dass er alle Nummern der Lieder kennt, die wahrscheinlich gesungen werden (vorausgesetzt, in Ihrer Gemeinde werden nicht Folien zum Singen verwendet). Auch ein nur sekundenlanges Suchen und Blättern kann für die Anbetenden ablenkend sein. Angenommen, jemand stimmt spontan ein Lied an, so sollten Sie in der Lage sein, schnell genug die entsprechende Nummer für diejenigen anzugeben, die den Text nicht auswendig können.

Da ich mich nicht eines computerähnlichen Gehirns rühmen kann, muss ich mir eine Liste der Lieder mit Nummern und Tonarten anfertigen und vor mir liegen haben. So sehe ich nicht nur Nummer und Tonart, sondern habe gleichzeitig eine gewisse Auswahl an Liedern zur Verfügung. Während ich die Liste vorbereite, überlege ich betend, welche Auswahl ich treffen soll, mache einen Plan und für den Fall, dass sie gebraucht werden, nehme ich noch einige Alternativen hinzu. Diese Ausstattung ergänze ich noch um einige Kleinigkeiten, die ich für mein Gitarrenspiel brauche, und dazu kommt als Hilfe zur Zeiteinteilung eine beleuchtete Digitaluhr!

Die richtige Vorbereitung auf der Bühne

Schauen Sie sich die Bühne an und stellen Sie sich da hin, wo Sie am besten gesehen werden. Leiter und Musiker sollten nah beieinander stehen, um sich schnell austauschen zu können. Wo Mikrofone verwendet werden, sollten die Benutzer damit umzugehen wissen, damit schrille, pfeifende Rückkopplungstöne vermieden werden. Besonders, wenn eine Anlage für eine spezielle Gelegenheit aufgebaut wird, sollte man sich reichlich Zeit nehmen, um eine gute Tonqualität zu erreichen und um mit ihren Eigenheiten vertraut zu werden, zum Beispiel wie nahe man ans Mikrofon herangehen muss usw.

Trotz aller Erfahrung, die in den letzten Jahren im Umgang mit Tonübertragungssystemen gewonnen wurde, ist allzu oft immer noch falscher Gebrauch die Ursache für störende Unterbrechungen. Frühzeitige Vorbereitung auf technischer und organisatorischer Ebene sind wesentlich, um die folgenden, allzu bekannten Fehler zu vermeiden:

1. Die Leinwand für den Overhead-Projektor ist zu klein, und nicht jeder kann gut genug sehen.
2. Es ist zu hell im Raum; die projizierte Schrift ist unleserlich.
3. Die Liederfolien sind durcheinander geraten, und das richtige Blatt zu finden gleicht der Suche nach einer Stecknadel im Heuhaufen.
4. Die Liederfolien scheinen von jemandem mit gebrochenen Armen geschrieben worden zu sein.
5. Das Mikrofon funktioniert nicht.

6. Es gibt keine oder zu wenige Liederbücher; irgendjemand hat vergessen, sie mitzubringen.
7. Es ist 22 Uhr und der Hausmeister gibt verstohlene Zeichen. Es hat ihm niemand gesagt, dass wir gewöhnlich bis 23.30 Uhr singen; außerdem hat der Prediger noch gar nicht begonnen.
8. Das Klavier ist verstimmt und eher für eine Silvesterveranstaltung als für eine Anbetungszeit geeignet.
9. Klavier und Orgel sind nicht aufeinander abgestimmt.
10. Pianist und Organist haben sich nicht aufeinander abgestimmt.

Zu dieser Liste könnten noch zahllose Beispiele dafür hinzugefügt werden, wie Mangel an Organisation eine Anbetungszeit empfindlich stören kann. Es geht hier nicht so sehr um Fähigkeiten um ihrer selbst willen, sondern um das Prinzip der Anbetung, das besagt, dass wir Gott unser Bestes geben, und das betrifft auch unsere Vorbereitung und Organisation.

Klare Vermittlung

Wenn eine Menschenmenge in die gleiche Richtung geführt werden soll, dann muss klar sein, wo es hingeht. Der Anbetungsleiter muss gut vermitteln können, was er meint; er muss mit einer deutlichen Stimme sprechen und sich mit klaren Worten ausdrücken können. Es soll keine Zweideutigkeiten oder Unsicherheiten geben und man muss große Sorgfalt darauf verwenden, sich so mitzuteilen, dass jeder in die Erfahrung der Anbetung mit einbezogen wird.

Wann immer eine Person in der Öffentlichkeit spricht, läuft neben den gesprochenen Worten noch etwas anderes mit, das manchmal die „Begleitbotschaft" genannt wird. Dieser Ausdruck beschreibt alle Arten der Kommunikation, die außer der verbalen Äußerung vorhanden sind, wie zum

Beispiel die Körpersprache, Kleidung, Erscheinung, Auftreten und Haltung. Wir alle sind gegenüber dieser Begleitbotschaft genauso empfindsam wie dem gesprochenen Wort gegenüber. Mir wurde schon manches Mal von Freunden gesagt, dass ich die Menschen während des Sprechens gelegentlich durch abwesendes Herumfummeln am Mikrofonständer abgelenkt hätte. Oft war ich mir dessen nicht bewusst, aber die Leute hatten es bemerkt. Solche Dinge sind gewöhnlich ein Zeichen von Nervosität – die sich dann auf die Menschen übertragen kann. Wir sollten solche unbewussten Handlungen unter Kontrolle bringen, um die Aufmerksamkeit der Versammelten nicht zu zerstreuen.

Blickkontakt

Wenn man vor Menschen spricht oder singt, ist es wichtig, Blickkontakt herzustellen. Es gibt keinen besseren Weg, sich die Aufmerksamkeit von Menschen zu sichern, als sie geradewegs anzuschauen. Die Leute fühlen sich dann von Ihnen persönlich angesprochen und merken, dass Sie an ihnen interessiert sind und nicht nur zur Decke oder zum Boden sprechen.

Lehre

Anbetungsleitung schließt oft die Notwendigkeit ein, Menschen zu ermuntern, sie zu informieren und über Anbetung zu belehren – und auch das muss gut ausgeführt werden. Es ist von Vorteil, für diesen Zweck präzise und einfühlsame Worte vorzubereiten, am besten verpackt mit Humor und mit passenden Illustrationen. Die Bedingung ist, so wenig Worte wie möglich zu machen, sodass der „Fluss" nicht unterbrochen wird und den Menschen geholfen wird, sich zu entspannen, sich sicher zu fühlen und zu verstehen, was geschieht.

Nicht bedrängen

Als Anbetungsleiter müssen Sie möglichst jeden, der dazu bereit ist, in die Erfahrung der Anbetung mit einbeziehen, ohne Druck auszuüben. Sie müssen den Leuten die Freiheit lassen, auf die von Ihnen vorgeschlagene Weise anzubeten oder nicht; jeder Druck zur Anpassung muss vermieden werden. Stattdessen sollten die Zuhörer dazu ermuntert werden, gegenseitige Unterschiede zu tolerieren und ihre Aufmerksamkeit voneinander weg auf den Herrn zu lenken. Bedenken Sie auch, dass Sie nur das aus den Leuten herausholen können, was in ihnen ist.

Befreiung vom Chaos

Wie ich schon sagte, sollten auch „freie" Anbetungszeiten geplant und vorbereitet werden, denn das kann vermehrte Freiheit schaffen, zumindest die Freiheit von Chaos. Viele haben Bedenken, dass einerseits die Anbetung zu starr wird oder kein Platz für Spontanität und Führung durch den Geist bleibt, und dass andererseits ganz ohne Planung die Vorgänge außer Kontrolle geraten, ziellos werden und an Qualität verlieren. Ich glaube aber, dass es einen Weg gibt, der beiden Bedenken gerecht wird.

Die Planung sollte einfach auf drei Elementen basieren: Hören Sie im Gebet auf Gott, sprechen Sie mit den anderen Verantwortlichen und seien Sie flexibel. So kennen alle Verantwortlichen das Ziel und die Bestandteile des Treffens und wissen über die Eindrücke Bescheid, die die Vorbereitenden im Hören auf Gott erhalten haben und die für den Verlauf des Treffens von Bedeutung sein könnten. Aus dieser Vorbereitung kann ein Programm entstehen, aber vergessen Sie nie, dass Gott souverän ist und vielleicht andere Wege als die von Ihnen vorgesehenen wählt, um sein Ziel zu erreichen. Seien Sie also während des Gottesdienstes, Hauskreises, oder was immer es ist, auf Unerwartetes gefasst und bereit, Ihre Pläne jederzeit zu ändern.

Wenn Sie die Anbetung leiten, leiten Sie Menschen, und so tragen Sie auch Verantwortung, in ihrem Namen vor Gottes Thron zu treten und um ihr Wohlergehen zu bitten. Wie ein guter Hirte seine Herde ans Wasser und auf grüne Weiden führt, müssen Sie herausfinden, wo „Wasser und Weide" im geistlichen Sinne sind. Dafür tragen Sie nicht allein die Verantwortung, aber je nach den Gegebenheiten sind Sie zumindest zu einem Teil dafür zuständig. Während die Schafe grasen, denkt der Hirte schon darüber nach, wohin er sie als Nächstes führen kann, welche Bedürfnisse sie haben und wie diese gedeckt werden können. So muss der Leiter auch in kurzen Anbetungszeiten die Menschen zu Gottes Ziel hinführen, auch wenn er selbst nur den nächsten Schritt vor sich sieht.

Es fordert aktiven Glauben, Menschen zu führen und selbst vom Heiligen Geist geleitet zu sein, aber es ist kein blinder Glaube, denn Sie müssen Ihr ganzes Verständnis, Ihr Wissen, Ihre Erfahrung und Ihre Intelligenz in diesen Prozess mit einbringen, um Dinge richtig beurteilen zu können. Anbetung zu leiten ist wie ein Segelschiff zu steuern, wo Sie die Segel im Wind des Geistes setzen und einen bestimmten Kurs im Glauben halten.

Erwartungen

Wenn die Anbetung ein Ziel hat, dann entsteht eine gewisse Erwartungshaltung, auch wenn im Einzelnen nicht ganz klar sein mag, was man erwartet – ähnlich wie bei Touristen, die sich aufgeregt ihrem Ziel nähern, obwohl sie noch gar nicht genau wissen, was sie zu Gesicht bekommen werden. In der Anbetung gibt es Erwartungen auf drei Ebenen. Die erste Ebene ist die der Anwesenden; sie schließt ein, dass irgendetwas geschehen möge. Die Erwartungen des Anbetungsleiters liegen schon etwas höher (hoffentlich). Drittens hat Gott bestimmte Erwartungen – oder besser gesagt Absichten für die Zeit der Anbetung. Unser Ziel sollte natürlich sein, Gottes Erwartungsniveau zu erreichen. Andernfalls werden wir in unseren eigenen Launen, Gefühlen und Gewohnheiten gefangen bleiben.

Die beste Möglichkeit für Sie als Anbetungsleiter, Ihre Erwartungen schon vor dem Treffen zu steigern, findet sich in der vorbereitenden Gebetszeit, in der Sie sich auf den Herrn konzentrieren und versuchen, seine Pläne zu ergründen.

Dieses Vorgehen ist allerdings nicht das Privileg der Leiterschaft. Jedes Mitglied, das sich genauso vorbereitet und auf Gottes Sicht für das Treffen einstimmt, wird die Erwartungen der Übrigen ähnlich stärken können. Sie sollten sogar erwarten, dass Gott auch einigen Personen außerhalb des Leiterkreises einen entsprechenden Wink gibt, wenn er etwas Bestimmtes vorhat.

Ich muss trotzdem noch einmal betonen, dass unabhängig von unseren Erwartungen das Treffen anders ablaufen kann. Erlauben Sie Gott jederzeit, Ihre Pläne zu durchbrechen und Ihre Erwartungen auf eine andere Weise zu erfüllen!

Unterscheidungsfähigkeit

Aus verschiedenen Gründen ist es sehr wichtig, dass Sie persönlich auf die Anbetungsleitung vorbereitet sind. Einer dieser Gründe ist die Notwendigkeit der Geisterunterscheidung. Wiederum sind Sie nur zum Teil dafür verantwortlich. Die Gabe der Geisterunterscheidung ist die Fähigkeit, genau beurteilen zu können, was sowohl auf geistlicher wie auf natürlicher Ebene geschieht. Es würde hier zu weit führen, die Gabe im Detail zu erläutern, aber es ist nötig, zwischen guten, schlechten und unwichtigen Beiträgen in der Anbetung zu unterscheiden und herauszufinden, welchen Ursprung die jeweilige „Inspiration" hat. Diese Unterscheidungsfähigkeit ist wichtig, um die Versammelten davor zu bewahren, dass sie abschweifen, sich von störenden Beiträgen ablenken lassen oder von Personen bestimmt werden, die gegen den geistlichen Strom schwimmen.

In 1. Korinther 14,29 ermahnt Paulus die Gemeinde, jegliche Beiträge in Form von Prophetien und Ähnlichem auf ihre Richtigkeit zu prüfen. Ich glaube, dass wir auf diese einfache Weise unserer menschlichen Schwachheit Rechnung tragen können, denn auch wenn uns der Geist etwas eingibt, können Nervosität, Übereifer, persönliche Vorurteile, Mangel an Ausdrucksfähigkeit, fehlende Sensibilität oder schlicht und einfach schlechtes Timing dazu führen, dass Dinge hinzugefügt, weggelassen oder verfälscht werden. Es kann auch gelegentlich vorkommen, dass jemand, der geistlich verwirrt oder dämonisch belastet ist, versucht, in einer Anbetungszeit Verwirrung zu stiften.

Das von Paulus erläuterte Prinzip des Prüfens ist sehr nützlich und sollte nicht nur im Blick auf prophetische Worte angewendet werden. Als Anbetungsleiter sollten Sie an alles, was geschieht, mit diesem Unterscheidungsvermögen herangehen. Auf geistlicher Ebene müssen Sie erkennen, was nicht mit der Stimme des Geistes in Ihrem Inneren übereinstimmt oder Ihren Frieden stört, auf der verstandesmäßigen Ebene müssen Sie alle Worte und Handlungen am Maßstab der Bibel messen. Dieses Unterscheidungsvermögen entwickelt sich allerdings nur durch Erfahrung und durch das Einüben geistlicher Sensibilität – es dauert also eine gewisse Zeit, bis Sie darin „fit" sind.

Es ist wirklich viel Geschick nötig, eine Versammlung in der richtigen Richtung zu halten, wenn sie abgelenkt zu werden droht oder durch unangebrachte Beiträge an Qualität verliert, nicht zuletzt, weil in so kurzer Zeit so vielen unterschiedlichen Bedürfnissen Rechnung getragen werden muss. Einige der nötigen Fähigkeiten sind im Folgenden aufgelistet:

1. Sensibilität in Liebe

Wenn eine Person – aufrichtig und mit den besten Absichten – einen unpassenden Beitrag einbringt, müssen Sie ihr mit großer Sensibilität begegnen. Vielleicht hat sie ihren ganzen Mut zusammennehmen müssen, um aufzustehen und in der Öffentlichkeit etwas zu sagen. Wenn Sie diesen Menschen nun herunterputzen würden, würde er womöglich nie mehr den Mund aufmachen. Es ist weiser, auf folgende oder ähnliche Weise zu reagieren: „Wir scheinen jetzt in die Fürbitte zu kommen – und es ist auch sehr wichtig, dass wir für Herrn Schmidt und sein Rheuma beten, aber ich glaube, im Moment sollten wir uns auf die Aufforderung besinnen, Gott ein Dankopfer zu bringen. Deshalb wollen wir jetzt . . ." Anders gesagt, seien Sie auf jeden Fall positiv in Ihrer Aussage im Sinne von „das war gut – kann stimmen – darüber müssen wir nachdenken, aber im Moment ist etwas anderes angemessener." So wird sich der Betreffende nicht von vornherein abgelehnt fühlen.

2. Korrektur in Liebe

Wenn Menschen allerdings aus Böswilligkeit, gefühlsmäßigem Überschwang oder unguten Einflüssen heraus einen unpassenden Beitrag geben, so müssen Sie eher durchgreifen, aber immer noch mit Sensibilität und Verständnis. Es muss eine Ordnung herrschen, in der sich die versammelten Christen sicher fühlen und wo keiner Verwirrung stiftet. Gleichzeitig muss aber auch deutlich werden, dass denjenigen, die Fehler machen, mit Liebe begegnet wird. Denn keiner – auch der Leiter nicht – ist gegen einen Irrtum immun!

In solchen Situationen ist es oft hilfreich, sich mit einem anderen Mitglied aus dem Leitungsteam abzusprechen, sei es verbal oder per Handzeichen. Wenn möglich, sollte eine Unterbrechung vermieden werden. Sprechen Sie nach der Veranstaltung mit der betreffenden Person. Falls es sich jedoch um einen gefährlichen oder verletzenden Beitrag handelt, sollten Sie diesen sofort korrigieren. Geschieht das nicht, laufen Sie Gefahr, dass die Anwesenden vom weiteren Verlauf des Treffens abgelenkt werden, über das Gesagte nachgrübeln und unter Umständen beträchtlichen Schaden davontragen.

3. Auf der Spur bleiben

Meist ist die Aufgabe der Leitung jedoch wesentlich weniger dramatisch – es geht nur um kleine Kurskorrekturen, die von den Anbetenden noch nicht einmal bemerkt zu werden brauchen. Indem die Leitung die Verantwortung für den Kurs trägt, den die Versammlung nimmt, sind die Teilnehmer entlastet. So wählt der Leiter ein passendes Lied, Gebet oder bringt durch eine entsprechende Bemerkung das Thema wieder auf das Wesentliche zurück, ohne dass sich jemand auf den Schlips getreten fühlt.

Leiten durch Folgen

Es ist klar, dass die Leiter zwar eine gewisse Autorität haben und – hoffentlich! – auch unter einer besonderen Zuwendung des Heiligen Geistes stehen, aber keinesfalls die Führung durch den Geist für sich gepachtet haben. Die Rolle der anderen Anwesenden bei der Leitung ist sogar sehr bedeutend.

In den Anleitungen, die Paulus im 14. Kapitel des Korintherbriefes im Blick auf die Ordnung von Gemeindeversammlungen gibt, wird die Mitwirkung vieler Einzelner betont. Damals war das Problem nicht wie bei uns, dass keiner etwas beitrug, sondern dass der Enthusiasmus der Leute manchmal sogar außer Kontrolle zu geraten drohte!

Die Vorstellung, dass nur ein oder zwei Personen einen heißen Draht zum Himmel hätten, während der Rest der Versammlung auf geistlichem Niemandsland bleibt, finde ich ausgesprochen gefährlich. Wir sollten erwarten, dass Gott durch jeden redet, auch durch Kinder – und vielleicht besonders durch sie, denn sie sind noch am unbefangensten und am wenigsten in Gefahr, ihren eigenen Interessen zu folgen.

Die Leiter sollten gut zuhören und beobachten, damit sie erkennen, welche Beiträge vom Heiligen Geist inspiriert sind und diese dann bestätigen und unterstreichen. So können sie die Gemeinde als Dienende leiten – im Unterschied zum weltlichen Leitungsstil, wo der Leitende den anderen allzu oft seinen Willen aufzwingt.

Ziel ist, dem Wehen des Heiligen Geistes zu folgen und die Veranstaltung in die entsprechende Richtung zu leiten. Um es in einem Bild zu sagen: Die Menschen sind wie die Segel, die den Wind auffangen und das Schiff in Bewegung bringen. Die Leiter arbeiten als Navigatoren, die den Kurs festlegen, und als Steuermänner, die das Schiff in die richtige Richtung lenken, hin zu dem Ziel, das der Kapitän bestimmt hat.

Musikalische Sensibilität

Die Musiker, und besonders die leitenden Musiker, müssen Sensibilität entwickeln, damit die jeweiligen Lieder nicht dem widersprechen, was Gott in einem bestimmten Moment sagen möchte. In der Anfangsphase der Anbetung dient die Musik mehr der Anregung; sie bringt Herzen, Gedanken, Stimmen und Körper dazu, die Aufmerksamkeit Gott und einander zuzuwenden. Man kann die Atmosphäre durch Lachen, einen treibenden Beat und rhythmische Lieder lebendig gestalten – all dies ist angemessen, um Gott für seine Güte und Gnade zu danken. Die Lieder werden einander und Gott zugesungen, als Ermutigung und Einstimmung auf die gemeinsame Anbetung. Sicher wäre an dieser Stelle ruhige, meditative Musik fehl am Platz und würde manche Leute in süße Tagträume abgleiten lassen.

Später, wenn wir vom Danken in die Anbetung hineinkommen, kann die Musik an Dominanz und Schwung verlieren und uns in eine Atmosphäre der Nähe, Liebe und Bewunderung Gottes hineinführen. Wir haben nun unseren Blick auf Gott selbst gerichtet – wir verneigen uns vor seiner heiligen Gegenwart. Der sensible Einsatz von Musik kann diese Atmosphäre sehr fördern – zum Beispiel durch ein Lied, das *a cappella* gesungen wird und entweder in einem Riesenapplaus für Gott endet oder in eine totale Stille führt. Daraus kann ein Sprachengesang entstehen oder es ist Raum für ein prophetisches Wort, ein Sprachengebet mit Auslegung oder Ähnliches. Eine angemessene Reaktion darauf ist eine Gebetszeit, ein passendes Lied oder eine Schriftlesung.

Auf jeden Fall soll uns diese Zeit des Hörens auf Gott geistliche Nahrung und inneren Frieden vermitteln. Wird an dieser Stelle laut auf den Instrumenten gespielt, kann uns das von dieser intensiven Begegnung mit Gott abhalten. Wir brauchen also Geschick sowohl im technischen Umgang mit unseren Instrumenten als auch in der Leitung der Anbetung von einer Phase in die nächste.

Autorität

Aus dem bisher Gesagten ergibt sich, dass wir eine gewisse Autorität brauchen. Jesus erkannte Autorität nur bei den Menschen an, die selbst einer höheren Autorität unterstellt waren (Mt. 8,9). In Epheser 5,21 lesen wir, dass wir einander untertan sein sollen. Jesus war der Autorität seines himmlischen Vaters unterstellt.

Unsere geistliche Autorität leitet sich nicht von unserem

Titel oder unserer Position ab, sondern sie gründet sich auf unsere enge Beziehung zu Gott. Wenn die Menschen merken, dass Sie eng mit Gott in Verbindung stehen, offen ihnen gegenüber sind und die Fähigkeit haben zu leiten, werden sie Ihnen gern folgen.

Bedenken Sie immer, in welcher Art Veranstaltung Sie sich befinden. Anbetung ist in einem Hauskreis anders als in einer Veranstaltung in der Stadthalle. Schauen Sie, in welcher Situation Sie sich befinden, und handeln Sie dementsprechend.

Demut

Sie sollten als Wegweiser zu Gott fungieren und nicht für sich selbst Werbung machen. Es liegt in der Natur eines Wegweisers, dass er zwar an gut sichtbarer Stelle steht, aber immer von sich weg weist. Am Ende der Veranstaltung sollten die Leute von dem beeindruckt sein, was sie auf dem Weg und am Ziel ihres Weges gefunden haben, und nicht über die Wegweiser reden. Wir sind in einer ähnlichen Stellung wie der Esel, der Jesus unter dem Jubel der Menschenmenge nach Jerusalem hinein trug. Er war privilegiert – aber nur zum Dienst!

Auch wenn es so scheint, als würde nur eine Person eine Versammlung leiten, so sollte doch die Verantwortung geteilt sein. So kommt das Prinzip des Dienens auch unter den leitenden Personen zum Tragen. Als erste Regel hierzu gilt, dass keiner Menschen in die Gegenwart Gottes führen kann, wenn er selber im Streit mit jemandem liegt. Zweitens gibt es viele praktische Gründe, warum der Leiter in vertrauensvollen Beziehungen leben sollte, aber die habe ich ja schon in den vorhergehenden Kapiteln eingehend behandelt.

Für die Leiter ist es wichtig, dass sie ein Gerüst an Grundregeln haben, die sie gemeinsam befolgen. Das kann Fragen betreffen wie: Darf jedermann aufstehen und nach vorne gehen, um etwas zu sagen, was ihm auf dem Herzen liegt? Wer reagiert auf einen unpassenden Beitrag? Wer hat das letzte Wort? usw.

Ich erinnere mich noch gut, wie ich eine Anbetungsveranstaltung zu leiten hatte und in eine Situation kam, wo ich nicht mehr weiter wusste. Zu meiner großen Erleichterung kam ein anderer Leiter nach vorn und übernahm souverän die Leitung. So stellt es immer auch eine große Sicherheit für das Leitungsteam dar, wenn bestimmte Grundregeln beherrscht werden.

In der Leitung drückt sich immer eine bestimmte Beziehung zwischen Leitendem und Geleiteten aus. Dem Leiter mag es so scheinen, als blicke er in ein Meer von Gesichtern, aber jedes Gemeindeglied sieht nur ihn, als wäre es eine Begegnung unter vier Augen. Deshalb sollten Sie als Leiter eine fürsorgliche Haltung ausstrahlen, denn davon hängt die Reaktion der Anwesenden in hohem Maße ab. Diese Fürsorglichkeit und Liebe sollten auch die Beziehungen hinter den Kulissen bestimmen, also unter den Mitgliedern des Leitungsteams. Herrschen hier Freundschaft und effektive Zusammenarbeit, werden die Menschen von Sorge und Angst vor möglichen Unterbrechungen und Ähnlichem befreit.

Seien Sie einfach Sie selbst!

Das größte Vertrauen können Sie schaffen, wenn Sie einfach Sie selbst sind. Finden Sie heraus, wie weit Sie natürlich und spontan handeln können, ohne durch Ihr Verhalten andere zu stören. Die Menschen werden Ihnen viel vergeben, wenn sie merken, dass Sie aufrichtig sind. Natürlichkeit kann nur entstehen, wenn Sie sich einigermaßen sicher fühlen. Haben Sie keine Angst vor Fehlern: Es kann den Leuten sogar ein guter Trost sein, wenn sie herausfinden, dass Sie auch nur ein Mensch sind. Lachen Sie, auch über Ihre eigenen Fehler, und setzen Sie nie eine geistliche Maske auf. Anbetung geschieht nicht getrennt vom Leben, sondern sie ist ein natürlicher Teil davon.

Sie selbst zu sein bedeutet natürlich nicht, dass Sie jeden merken lassen, wie unsicher Sie an manchen Stellen sind. Hier ist es weiser, nur dem Leitungsteam eventuelle Ängste und Probleme mitzuteilen. In der Veranstaltung würden Sie damit zu viel Aufmerksamkeit auf sich lenken.

Wenn ich die Kunst der Anbetungsleitung in einem Satz zusammenfassen müsste, würde ich sagen: Seien Sie Anbeter, seien Sie Diener und seien Sie Sie selbst.

Kapitel 14

Was Anbetung verändert

„Es ist wirklich Zeit, dass ihr euch ändert!", brüllte der Prediger. Er hatte ja Recht: Gerade war eine Sturzwelle unserer Sünden und Versäumnisse über uns hereingeprasselt. Das Urteil hing drohend über unseren eingezogenen Köpfen: „Schuldig!" Wieder einmal bekannten wir unsere Schuld und nahmen uns vor, uns diesmal noch mehr anzustrengen – die Dinge würden sich ändern, ganz bestimmt!

Aber nichts geschah. Gut, eine Weile sah es so aus, aber es dauerte nicht lange, bis die heftige Rüge ihre Wirkung verloren hatte und alles wieder so „normal" wie vorher war. Oder, besser gesagt, so „unnormal", denn jetzt wussten wir zumindest, dass unser geistliches Leben nicht das war, was Gott als normal betrachtet. Wie konnten wir uns ändern? Es musste doch noch etwas anderes geben, um Christus ähnlicher zu werden, als Neujahrsentschlüsse, die man gegebenenfalls das ganze Jahr über wiederholte. Wir litten unter einem Krankheitsbild, das ungefähr so aussah: „Ich habe versagt – ich fühle mich schuldig für mein Versagen – ich muss mich mehr anstrengen – nach härterer Arbeit fühle ich mich besser – o nein, schon wieder versagt – ich fühle mich schuldig – ich muss mich mehr anstrengen." Und diese Leier wiederholt sich, bis wir völlig erschöpft sind!

Oft benutzen wir den Appell an unsere Schuldgefühle als Motivation zur Besserung – das ist aber keineswegs ein biblisches Prinzip, obwohl es sehr oft angewandt wird. Hier ist eine gute Nachricht für schuldgeplagte Christen: Die Bibel zeigt uns einen viel besseren und unermesslich erfolgreicheren Weg, wie wir verändert werden können.

Anbetung bewirkt Veränderung

Wir können diesen Weg in einer Aussage zusammenfassen: Anbetung bewirkt Veränderung. In 2. Korinther 3,18 schreibt Paulus: „Wir alle aber werden, indem wir mit unverhülltem Angesicht die Herrlichkeit des Herrn anschauen und sie zugleich wie ein Spiegel zurückstrahlt, in sein Ebenbild verwandelt von Herrlichkeit zu Herrlichkeit, und zwar von dem Herrn, der Geist ist."

Der Gedanke, dass wir verwandelt werden, wenn wir den Herrn nur anschauen, mag auf den ersten Blick verwunderlich erscheinen. Verwandlung erfordert doch sicherlich eine Menge Anstrengung. Doch wir können durch Anschauen verwandelt werden. Das gilt nicht nur für unser geistliches, sondern auch für unser natürliches Leben. Schon ein neugeborenes Baby lernt sehr bald, seinen Blick auf die Augen der Mutter zu richten, die sich selbst wiederum viel Zeit nimmt, um den Blick ihres Kindes liebevoll zu erwidern. In diesem Blickkontakt wird dem Kind eine der ersten Botschaften von Liebe vermittelt. Fehlt er, wird das Kind einer sehr wichtigen und formenden Erfahrung beraubt.

Ein anderes Beispiel dafür, dass Anschauen verändert, erlebte ich in Nordwales, oben auf einem Berg, wo ich über die weiten Seen und Täler blickte, die im Sonnenuntergang langsam ihre Farbe veränderten. Ich weiß nicht, wie lange ich da saß, aber es wurde schon dunkel, als ich mich endlich von dem wunderbaren Anblick losriss. Ich war sehr beeindruckt; gleichzeitig kam ein Gefühl tiefen Friedens, von Ordnung und Klarheit in meinem Herzen auf. Als ich den steinigen Pfad hinunterging, war ich auf eine sehr unspektakuläre, aber wirksame Weise verändert worden.

Die Beziehung zwischen Verliebten wächst schon, wenn sie sich nur in die Augen schauen. In diesen Momenten regen sich oft sogar die stärksten Gefühle. Diese Erfahrungen haben zweifellos einen verändernden Einfluss auf die Menschen. Wie viel mehr mögen wir dann umgestaltet werden, wenn wir mit Verehrung und Anbetung in das Angesicht Gottes schauen?

Nun ist das Schauen auf Gott keine Alternative zur Buße. Aber so oft geschieht es, dass wir uns von unserem alten Leben abwenden und dann in ein geistliches Loch fallen, wo wir dann nicht wissen, wie wir unsere alten Verhaltensweisen durch neue ersetzen können.

Kürzlich stieß ich auf dieses wunderbare Zitat von William Temple: „Anzubeten bedeutet Folgendes: das Gewissen durch die Heiligkeit Gottes zu beleben, den Verstand mit der Wahrheit Gottes zu nähren, die Vorstellungskraft durch die Schönheit Gottes zu reinigen, das Herz der Liebe Gottes zu öffnen, den Willen dem Ziel Gottes zu weihen."

Wenn diese fünf Aussagen durch Anbetung Wirklichkeit werden, dann ergibt sich keine oberflächliche oder kurzfristige, sondern eine sehr radikale Veränderung unseres Verhaltens und unserer ganzen Persönlichkeit. Innere Veränderungen müssen sich im täglichen Leben als authentisch bewähren, aber ich glaube, dass sie in den Zeiten anfangen, die wir ausschließlich nutzen, um in Anbetung auf Gott zu schauen und zu staunen.

Jeder ist ein Mosaikstein

Für mich eröffnen diese Gedanken ein neues Verständnis von Gottes Gebot in 3. Mose 19,2, das uns oft als unerfüllbar erscheinen mag: „Ihr sollt heilig sein; denn ich bin heilig, der Herr, euer Gott." Dieser Vers und der eben betrachtete aus 2. Korinther 3,18 zeigen einen praktischen Weg, wie wir heilig werden können.

Wenn wir über Gottes Wesen nachdenken, ihn verehren und anbeten, indem wir mit unseren geistigen Augen in die seinen blicken, dann werden wir entdecken, wie unser Verhalten sich verändert und das widerzuspiegeln beginnt, was wir zuvor gesehen haben.

Im Vers des Korintherbriefes müssen wir beachten, dass Paulus von diesem Blick in das Antlitz des Herrn in der Mehrzahl spricht. Die Frage der gemeinschaftlichen Anbetung wurde an anderer Stelle in diesem Buch schon behandelt, aber ich möchte hier noch einmal die Tatsache betonen, dass Gott sich in besonderer Weise offenbaren möchte, wenn wir zusammen anbeten. In 1. Korinther 14,26 heißt es, dass jeder von uns etwas in der Anbetung beiträgt, so als gäbe Gott einem jeden einen kleinen Mosaikstein. Wenn jeder sein Teil zur richtigen Zeit und an der richtigen Stelle einfügt, nimmt das Bild, das Gott uns zeigen will, Gestalt an und zweifellos wird es uns mehr von ihm selbst zeigen. Blieben wir mit unserem kleinen Mosaikteil zu Hause, würden wir nur einen flüchtigen Blick von der Herrlichkeit Gottes erhaschen und könnten so viel weniger davon widerspiegeln.

Spiegel und Diamanten

Die Herrlichkeit Gottes wird nicht als Vision offenbar, die irgendwo in unserer geistlichen Vorstellung herum schwebt, sondern sie wird sichtbar in den Menschen, die mit uns Gott anbeten. Wir wissen, dass wir das Gesicht des auferstandenen Christus nicht sehen können; aber wenn jeder von uns – wie in dem Bibelvers beschrieben – die Herrlichkeit seines Antlitzes widerspiegelt, warum schauen wir dann nicht in die menschlichen Spiegel um uns herum? Wenn wir gemeinsam in die Herrlichkeit und Gegenwart Gottes treten, sind wir von so vielen Spiegeln umgeben, wie Menschen im Raum sind! Sicher, an manchen Stellen mögen unsere Spiegel beschädigt sein, aber bei sorgfältigem Hinschauen erkennen wir auch in den Bruchstücken das Abbild seiner Herrlichkeit. Wir sind alle so verschieden, dass jeder einen anderen Aspekt vom Wesen Gottes in besonderer Weise reflektiert.

Diese Wahrheit können wir auch gut mit einem Diamanten vergleichen, der viele Facetten hat. Um die Schönheit eines Diamanten vollauf schätzen zu können, muss man ihn in den Fingern drehen und die sprühende Farbenkraft des reflektierten Lichtes innerhalb dieser vielen Facetten eingehend betrachten. Die Schönheit des Diamanten liegt in der Wechselwirkung des Lichts mit den geschliffenen Flächen. Genauso werden die Schönheit und verwandelnde Kraft unseres Gottes in uns allen sichtbar, wenn wir sein Licht reflektieren.

Die verändernde Wirkung der Anbetung wird stärker, je mehr wir sie zu einer täglichen Gewohnheit machen. Die Bibel ermutigt uns an vielen Stellen dazu. Ich will hier zwei Stellen besonders beleuchten. Wieder ist Jesus selbst unser größtes Vorbild, denn er hatte seinen Blick wirklich ununterbrochen auf Gott gerichtet. Er sagte: „Wahrlich, wahrlich, ich sage euch: Der Sohn kann nichts von sich aus tun, er sähe denn den Vater etwas tun, denn was jener tut, das tut ebenso auch der Sohn. Denn der Vater liebt den Sohn und zeigt ihm alles, was er selbst tut" (Joh. 5,19–20).

Jesu geistliche Augen blickten nie weg von dem Gesicht seines Vaters. Dies geschah nur in einem einzigen, schrecklichen Augenblick, als Jesus starb. Im Todeskampf schrie er: „Mein Gott, mein Gott, warum hast du mich verlassen?" Bezeichnenderweise ist dies das einzige überlieferte Gebet, in dem Jesus Gott nicht als „Vater" anredete. Er war geistig und geistlich so auf Gott eingestellt, dass er jederzeit die Absichten seines Vaters erkennen und dementsprechend handeln konnte. Und wir?

Nur allzu gern suchen wir unsere eigenen Wege im täglichen Leben, sind stolz auf unsere vermeintliche Weisheit und Erkenntnis; dabei werfen wir als Christen oft noch nicht einmal einen kurzen Blick auf das Antlitz unseres Vaters. Ein Kind lernt sehr schnell, im Gesicht seines Vaters zu lesen, wenn es darin nach Anerkennung, einer Antwort oder einer anderen Botschaft sucht.

Genauso hat Jesus auf geistlichem Gebiet gehandelt – sollten wir es dann nicht ebenso tun? Wissen wir, was unser himmlischer Vater über die Lage denkt, in der wir uns gerade befinden? Erleben wir es, dass wir in unvorhergesehenen Situationen die nötige Weisheit und Erkenntnis haben, einfach weil Gott uns durch unseren ständigen Blick zu ihm hin schon darauf vorbereitet hat?

Jesus wandte in seinen Begegnungen mit Menschen nie besondere Formeln an, auch keine biblischen. Jedes Gespräch unterschied sich vom anderen. Zum Beispiel erzählte er Nikodemus nichts vom „lebendigen Wasser", und bei der Samaritanerin erwähnte er die „Wiedergeburt" nicht. Zachäus ermahnte er nicht, er solle das Brot der Kinder nicht den Hunden geben, und er lud sich bei der kanaanäischen Frau nicht zum Essen ein. In jeder Situation war sein Blick auf den Vater gerichtet, der mit den Beteiligten etwas Einzigartiges und Besonderes vorhatte.

Wenn wir dem Beispiel Jesu folgen, werden wir radikal verändert, und das Gleiche wird im Leben der Menschen geschehen, denen wir begegnen.

„Ich habe den Herrn allezeit vor Augen"

In Psalm 16,7 und 8 schreibt David: „Ich preise den Herrn, der mich beraten hat; auch des Nachts mahnt mich mein Inneres. Ich habe den Herrn allezeit vor Augen." Paulus zitiert diese Stelle am Pfingsttag als einen prophetischen Hinweis auf Jesus. So wurde David offensichtlich bei seinen täglichen Andachten im Geiste fortgetragen und schrieb prophetisch über den Messias. Man könnte sogar sagen, dass diese Gewohnheit der persönlichen Anbetung der Schlüssel zu Davids Größe war. Ganz sicher war es der Schlüssel zu einer engen Beziehung mit Gott. Aber wie praktizieren wir das mitten in unserem hektischen Leben? Ist es nicht unrealistisch zu erwarten, dass wir mehr als hier und da einen

Augenblick finden, um ein rasches Gebet zu sprechen, das allzu oft nicht mehr als ein Notruf ist?

Davids Worte schildern einen besonnenen Willensakt, eine bewusste Konzentration seiner gesamten Kräfte auf seinen Schöpfer, die Pflege einer Gewohnheit über viele Jahre hinweg, sodass er sogar im Schlaf Gemeinschaft mit Gott hatte. Der Schlüssel zu solcher Nähe und Vertrautheit mit Gott liegt, so glaube ich, in einer Disziplin des persönlichen Lobpreises. Davon handelt das nächste Kapitel.

Kapitel 15

Persönliche Disziplin in der Anbetung

„Solange ich lebe, sollen meine Lippen Lobpreis als Opfergabe vor Gott bringen. Ich will gekonnt mit Harfe und Leier musizieren, um Gott zu verherrlichen, und ich will die Flöte zum Lob der Herrschaft seiner Gerechtigkeit spielen. Am Abend wie am Morgen will ich in den Bund mit Gott eintreten und in der Nacht seine Gebote erzählen. Sie sollen immer meine Leitlinie und das Ziel meiner Reise sein.

Deshalb will ich seinen Namen preisen, bevor ich Hand oder Fuß rege, egal, ob ich gehe oder komme, sitze oder aufstehe, auch wenn ich mich zur Ruhe lege, will ich zu seinem Lob singen.

Meine Lippen sollen ihn preisen, wenn ich am gedeckten Tisch sitze, um von den Früchten dieser Erde Nahrung zu nehmen.

Kommen auch Furcht und Terror, Angst und Bedrängnis – ich will ihn trotzdem noch preisen und ihm für seine wunderbaren Taten danken. Über seine Macht denke ich nach und verlasse mich immer auf seine Gnade. Denn ich weiß, dass er in seiner Hand Gerechtigkeit für alles Lebende bereithält, dass seine Werke wahrhaftig sind. Egal ob Trübsal oder Rettung kommt – ich werde ihn immer in der gleichen Weise loben" (aus den Schriftrollen vom Toten Meer).

Jenseits der Selbstkasteiung

Das Wort „Disziplin" ist im Allgemeinen eher unbeliebt, denn wir verbinden es mit Vorstellungen von strengen Lehrern und unerbittlichen Vätern. Aber lassen Sie uns versuchen, diese emotionalen Barrieren einen Moment zu vergessen. Denken Sie einmal darüber nach, was Disziplin für einen Christen wirklich bedeuten kann – wir könnten eine Entdeckung machen, die unser Leben verwandelt.

Im Englischen gehören die Worte „discipline" und „disciple" eng zusammen. Das zweite Wort – Jünger – drückt viel mehr Wärme aus als das erste. Ein Schüler genießt die Erziehung seines Lehrers und als Christen sollten wir uns der liebevollen Autorität Jesu unterordnen.

Trotz der vielen negativen Assoziationen, die wir mit den Begriffen Disziplin oder gar „Zucht" verbinden mögen, sollten wir uns daran erinnern, dass die Zucht – also Erziehung – Jesu uns in die vollkommene Freiheit führt, während mangelnde Disziplin uns immer in Gefangenschaft hält. Daraus folgt, dass Anbetung bei den Menschen am freiesten praktiziert wird, die in ihrem Leben Disziplin walten lassen.

Persönliche Disziplin ohne den ständigen Gebrauch der Worte „Ich will" ist unmöglich. Schon im Alten Testament näherten sich die Psalmisten oft mit diesen Worten Gott. Zum Beispiel heißt es in Psalm 57,8: „Mein Herz ist bereit, o Gott, mein Herz ist bereit; ich will singen und spielen." Dieser Psalm Davids zeigt in besonderer Weise seine Entschlossenheit zum Lobpreis, denn als er ihn schrieb, war er gerade auf der Flucht vor Saul. Sein Lobpreis stützte sich auf mehr als seine momentane Stimmung.

Bei uns herrscht die beliebte, aber falsche Auffassung, dass einen etwas eben einfach so „überkommt" und bevor man aktiv wird, muss man selbst erst angerührt werden. Es stimmt zwar, dass Anbetung eine Reaktion auf Gottes Handeln an uns ist, aber es ist auch wahr, dass wir oft blind für seine Taten sind, bis wir unsere geistlichen Augen öffnen und uns ihm in Lobpreis und Dankbarkeit nähern. Dieses Prinzip wird auch in Jakobus 4,8 deutlich: „Nahet euch zu Gott, so wird er sich euch nahen!" Obwohl es wunderbare Momente gibt, in denen wir unerwartet in einen Geist der

Anbetung hinein geleitet werden, sind diese zu selten, um uns lange Zeit über Wasser zu halten.

Aber mir ist gar nicht nach Lobpreis zu Mute . . .

Ein weiterer Grund, warum Gott uns Raum gelassen hat, selbst zu ihm zu kommen, liegt in seinem Verlangen, freiwillige Anbetung seiner Kinder zu empfangen.

Natürlich kostet es weit weniger, auf einer Welle mit anderen in die Anbetung getragen zu werden, als den Entschluss zu fassen, sie Gott allein und von sich aus darzubringen. Wir wollen anbeten, ganz gleich, wie wir uns fühlen, weil wir wissen, dass Gott es wert ist. Wir müssen allerdings auch realistisch sein und damit rechnen, dass wir durch Zeiten gehen werden, in denen unsere Umstände und Gefühle keinerlei Grund zum Jubeln geben. Dies sind die Zeiten, wo unsere Anbetung austrocknen wird – es sei denn, wir haben wie Habakuk gelernt (als er eine schreckliche Vision vom herannahenden Unglück sah) zu sagen: „Ich aber will mich freuen des Herrn und fröhlich sein in Gott, meinem Heil" (Hab. 3,18).

Manchmal beten wir Gott an, weil es spontan von Herzen kommt, manchmal ist es ein reiner Willensakt. Wie auch immer: Gott ist unserer Anbetung immer würdig und sein Anrecht darauf ist ausschlaggebend, nicht unsere wankelmütigen und unzuverlässigen Gefühle.

Allerdings sollten wir auch bedenken, dass der Wille zur Anbetung allein nicht schon wahre Anbetung erzeugt. Richard Foster sagt: „Sie wird in uns entfacht, wenn der Geist Gottes unseren menschlichen Geist entzündet . . . Wir können alle Arten der Technik und die richtigen Methoden anwenden, wir können die bestmögliche Liturgie haben, aber den Herrn haben wir nicht angebetet, bis der Geist (Gottes) den Geist (des Menschen) berührt . . . Bis dass Gott unseren Geist anrührt und befreit, so lange können wir dieses Heiligtum nicht betreten. Singen, Beten und Preisen mögen zur Anbetung führen, aber Anbetung ist mehr als eine dieser Tätigkeiten. Unser Geist muss von göttlichem Feuer entzündet werden" (aus: „Nachfolge feiern", Brockhaus/Bundes Verlag).

Der Wille anzubeten ist unsere Verantwortung; Gottes Aufgabe ist es, uns mit dem Feuer zu versorgen, das die Anbetung in uns entzündet.

Selbst in Bewegung kommen

In welchen Bereichen können wir also unseren Willen zur Anbetung nutzen? Wenn wir Psalm 103,1–2 lesen, erkennen wir, wie der Psalmist seinen Willen einsetzt, um sein ganzes Wesen anzuspornen: „Lobe den Herrn, meine Seele, und alles, was in mir ist, seinen heiligen Namen! Lobe den Herrn, meine Seele, und vergiss nicht, was er dir Gutes getan!" Er spricht dabei zu sich selbst und wird auf allen Ebenen aktiv. Er packt sich am eigenen Schopf und zieht sich aus dem Sumpf von Gleichgültigkeit heraus. Der Ausdruck „alles, was in mir ist" weist auf Geist und Gefühle hin; und der Psalmist konzentriert bewusst seinen Sinn, um nicht zu vergessen, was Gott Gutes getan hat. Er rüttelt sein ganzes inneres Wesen auf, sodass die unweigerliche Folge daraus auch äußerlich sichtbare Anbetung ist.

Preisen oder nicht preisen?

Ich kann mich noch gut an eine Begebenheit erinnern, bei der ich diese Lektion lernen musste. Ich war zur Leitung der Anbetungszeit in eine mehrere Autostunden von meinem Heimatort entfernte Gemeinde eingeladen worden. Meine Frau und ich brachen früh am Morgen mit unserem betagten Kleinbus auf. Es war eisig kalt und der Wind blies heftig durch die vielen Ritzen und Löcher unseres Gefährts. Ich war in einer miesen Stimmung und schuf so eine ziemlich gespannte Atmosphäre zwischen uns beiden. Gleichzeitig fühlte ich mich geistlich total ausgetrocknet und hatte nicht das geringste Verlangen, so weit zu fahren und dann auch noch eine Anbetungszeit zu leiten! Als wir ankamen, war meine Stimmung vollends auf dem Gefrierpunkt und die Atmosphäre und das Wetter waren noch eisiger.

In den letzten fünf Minuten, bevor ich der enthusiastischen Menge von Anbetern gegenüberstehen würde, wurde mir klar, dass ich vor einer harten Wahl stand: entweder mit dem Herrn, meiner Frau (und dem Auto) ins Reine zu kommen und dann weiterzumachen oder meinen Gastgebern die Wahrheit über meinen Zustand zu sagen und wieder nach Hause zu fahren!

Weil ich wahrscheinlich zumindest zum Teil von Stolz motiviert war, entschloss ich mich für die erste Möglichkeit, entschuldigte mich bei meiner Frau und bat Gott um Vergebung. Dann betete ich: „Herr, ich bin leer, mir ist kein bisschen nach Anbetung zu Mute; ich habe dir nichts zu geben und nichts, womit ich diese Menschen leiten könnte, es sei denn, du gibst es mir. Mit deiner Hilfe gehe ich los!"

Von dem Moment an, als ich anfing, den Lobpreis zu leiten, füllte sich mein Herz mit guten und positiven Dingen und so beteten wir Gott voller echter Freude gemeinsam an. Ich brauchte nichts vorzutäuschen oder zu schauspielern. Weil ich mich entschlossen hatte, den Herrn zu preisen, entzündete er den Lobpreis in mir, und ich konnte etwas von seinem Wesen weitergeben.

Manchmal würde ich diese Lektion gern vergessen, ganz besonders dann, wenn ich nicht die Anbetung leite, sondern einfach teilnehme und mich so ähnlich fühle wie damals. Ich würde meine schlechte Laune gern als Entschuldigung benutzen, nicht mitzumachen, aber ich weiß (sehr zum Ärger meines inneren Schweinehundes), dass meine Launen nicht meinen Geist beherrschen dürfen.

Die Disziplin der Dankbarkeit

In 1.Thessalonicher 5,18 lesen wir: „Danket bei allem! Denn das ist der Wille Gottes in Christus Jesus für euch." Das erfordert Disziplin, denn wir empfinden ja wahrhaftig nicht gegenüber allem Dankbarkeit, was uns widerfährt! Bevor wir Gott für schwierige Umstände danken können, sollten wir vielleicht damit beginnen, ihm für die positiven Dinge in unserem Leben zu danken. Das sollte eigentlich selbstverständlich sein, und doch nehmen viele von uns die guten Dinge im Leben, ob geistlich oder materiell, für selbstverständlich und vergessen einfach, dem Geber zu danken. Wir sind so sehr mit dem „Haben wollen" beschäftigt, dass wir den Dank Gott gegenüber vernachlässigen. Sogar unsere Gebete dienen so oft nur egoistischen Zwecken, dass wir nicht als Anbeter, sondern als Bettler vor Gott stehen.

Aus diesem Grund weist Paulus die Philipper an, neben ihrem Bitten auch zu danken: „Sorget euch um nichts, sondern in allem lasset im Gebet und Flehen mit Danksagung eure Bitten vor Gott kundwerden!" (Philipper 4,6). Haben Sie schon bemerkt, dass wir, wenn wir jemandem ein aufrichtiges „Dankeschön" sagen, ihm unwillkürlich ins Gesicht schauen und ihn anlächeln? Alles andere könnte unhöflich erscheinen. Dankbarkeit ist eine Möglichkeit, uns Gott zuzuwenden und unser Verhältnis vertrauensvoller Abhängigkeit von ihm neu zu bestätigen.

Die Worte „unter allen Umständen" sind manchmal schwierig zu akzeptieren. Oft würden wir uns lieber kräftig bei Gott über unsere Situation beschweren. In solchen Momenten ist dann noch größere Disziplin nötig. Aber das heißt nicht, dass wir stupide irgendein unsinniges Gebot befolgen oder unehrlich sein müssten. Verständlicherweise mögen wir vielleicht so empfinden: „Wie kann Gott von mir Dank dafür erwarten, dass ich jetzt überflüssig bin – für die Nachricht, dass mein Bruder Krebs hat – für mein überzogenes Konto – für mein Versagen in der Kindererziehung usw." Aber es steht trotzdem fest: Wenn wir unser Leben Gott anvertraut haben, passiert nichts, was uns von seiner Liebe, Treue und Gnade trennen oder seine souveräne Kontrolle über die Umstände nehmen könnte! Das Problem entsteht erst, wenn wir das nicht wirklich glauben!

In Römer 8,28 heißt es: „Wir wissen aber, dass denen, die Gott lieben, alle Dinge zum Guten mitwirken." Das heißt nicht, dass alles, was uns geschieht, von Gott kommt und ganz sicher werden wir nicht dazu angehalten, ihm für Böses zu danken; aber wir können ihm für die Tatsache danken, dass er in allen Dingen, in allen Umständen immer noch zum Guten wirkt.

Es ist bezeichnend, dass in der Geschichte von Hiob der Teufel Gott um Erlaubnis fragen musste, ehe er Hiob Leid zufügen konnte; alles, was dann geschah, war vom Herrn als Prüfung zugelassen. Zu keiner Zeit hätte Satan die von Gott gesetzten Grenzen überschreiten können. Wir wollen nicht vergessen, dass die Verheißung in Römer 8,28 für die gilt, die Gott lieben. Gott kann das Böse mit Gutem überwinden, sogar die bittersten Erfahrungen des Lebens mit seiner Gnade beantworten und traurigen Erlebnissen ein herrliches Ende bereiten.

Mit Enttäuschungen zu Gott kommen

Eine Begegnung erinnerte mich neulich daran, wie Gott auch die alltäglichsten Situationen gebrauchen kann, wenn wir sie ihm nur in einer positiven und dankbaren Haltung ausliefern. Vor sieben oder acht Jahren hatte ich Max und drei seiner Freunde das erste Mal getroffen. Sie waren damals Teenager an einer Schule in Birmingham, die ich mit einem Missionsteam während eines Einsatzes besuchte. Eines Abends waren sie von ziemlich weit her zu unserer Teestube (die in den siebziger Jahren „in" waren) im Zentrum der Stadt gekommen. Nach einiger Zeit mussten sie wieder aufbrechen, um zu der Zeit zu Hause zu sein, die ihre Eltern festgesetzt hatten.

Zwei von uns beschlossen, sie mit unserem Bus heimzufahren. Da wir die Gegend nicht kannten, verirrten wir uns schnell, und der Zeitpunkt, zu dem die Vier zu Hause sein sollten, verstrich. Die Spannung im Bus stieg, denn wir konnten uns alle das Donnerwetter vorstellen, mit dem die Eltern uns empfangen würden.

Obwohl unsere Passagiere keine Christen waren, beschlossen wir anzuhalten und Gott zu bitten, dass wir den richtigen Weg fanden und dass die Eltern nicht zu sauer reagierten. Max beschrieb später diese Begebenheit als das erste Mal, wo er jemanden beten hörte, als ob Gott persönlich existiere und an unseren Problemen interessiert sei. Das beeindruckte ihn sehr. Für uns dagegen war es eher eine Routineangelegenheit.

Am folgenden Tag verglichen die Freunde in der Schule die elterlichen Empfangskomitees vom Abend zuvor. Alle waren gleich! Alle Eltern hatten positiv herausgestellt, wie früh ihre Söhne doch nach Hause gekommen seien!

Diese einfache Gotteserfahrung in einer kleinen Krisensituation war es, die Max nicht losließ, bis er selber Christ wurde. Heute ist er in der evangelistischen Arbeit aktiv.

Es ist interessant, mal darüber nachzudenken, ob Max auch Christ geworden wäre, wenn wir der Enttäuschung, Gereiztheit und Sorge im Bus nicht widerstanden hätten, wenn wir die Situation einfach hingenommen hätten als etwas, was man eben ertragen muss, anstatt Gott eine Gelegenheit zum Eingreifen zu geben.

Wir brauchen Disziplin, um Gott mit dankbarer Erwartung alles auszuliefern, was uns begegnet. Dazu ist es nötig, dass wir gegen Gefühle, manchmal sogar gegen die menschliche Vernunft glauben, dass Gott uns nicht verlassen hat.

Wir müssen uns jedoch davor hüten, die Worte „Danke, Herr" als eine Art Glücksbringer zu benutzen, wenn manches schief läuft. Im Lobpreis drücken wir unsere Bereitschaft aus, alles auf Gott zu setzen. Auch wenn wir dies noch so stammelnd und mit Zweifeln gemischt tun – nur so kann Vertrauen entstehen.

Über Scherben gehen

Die Bibel spricht an vielen Stellen davon, „Dank zu opfern", und das zeigt uns, dass Dank uns manchmal etwas kostet. Danken kostet uns unser Selbstmitleid oder unsere Schuldzuweisung an andere; im Danken müssen wir jeden trügerischen Trost und die Schleichwege aufgeben, die wir an die Stelle von Gottvertrauen gesetzt haben. Wie in Römer 1,21 erwähnt, werden durch Undankbarkeit „unsere Herzen verfinstert". In Kolosser 1,12 beschreibt Paulus die Danksagung als eine Gewohnheit derer, die Anteil am Erbe der Heiligen haben. Danksagen ist ein Schritt von der Finsternis zum Licht und die Disziplin des Dankens beinhaltet, dass wir diesen Schritt nicht nur tun, wenn wir vor Freude zerspringen könnten, sondern auch, wenn unsere Füße schwer sind von Müdigkeit, Zweifel und Angst und wir das Gefühl haben, dass der Weg zu Gott mit Scherben gesät ist.

Die Disziplin des ständigen Lobpreises

Lobpreis und Dank gehören eng zusammen und haben gemeinsam, dass sie ständig praktiziert werden sollen. In Hebräer 13,15 steht: „Durch ihn (Jesus) also lasset uns Gott jederzeit ein Opfer des Lobes darbringen"; und David schreibt im Psalm 34,2: „Ich will den Herrn preisen allezeit, sein Lob soll immerdar in meinem Munde sein." Die meisten von uns praktizieren eine verkrampfte Form von Lobpreis, die von unseren momentanen Gefühlen und Umständen abhängt und zwischen Dankbarkeit und Murren pendelt. Ich bin

Menschen gegenüber sehr misstrauisch, die in jedem zweiten Satz „Preist den Herrn" oder „Halleluja" sagen, denn oft stellt sich heraus, dass das alles nur Schaumschlägerei ist, die in sich zusammenbricht, sobald es stürmt und blitzt.

Viele von uns haben es aufgegeben, Gott im täglichen Leben zu preisen, weil sie befürchten, eine aufgesetzte Frömmigkeit zu praktizieren oder sich an irgendein religiöses Vorbild anzupassen. Und es stimmt wirklich, dass sich viele Menschen eine „geistliche" Fassade geben, um andere damit zu beeindrucken.

Aber manchmal hat dieser Widerstand auch eine andere Wurzel. Er liegt in dem Bild, das wir von uns selbst haben. Dieses Bild ist bei vielen Menschen negativ. Wenn wir uns selbst einmal loben sollten, wären wir unbeholfen und verlegen. Traurigerweise ist es gesellschaftsfähiger zu murren und sich zu beschweren, als Dank und Lobpreis zu äußern, und noch trauriger ist es, dass viele von diesen Einflüssen stärker geprägt sind als vom Heiligen Geist. Hier müssen wir offen sein für Gottes verändernde Kraft. Wir dürfen unser Selbstbild nicht als unabänderlich und gesellschaftliche Normen nicht als unumstößlich ansehen. Gleichzeitig sollte unser Lobpreis echt sein, und wir sollten in der Lage sein, unseren Dank den Außenstehenden auf verständliche Weise zu erklären.

Unser Lobpreis muss durch Sensibilität für andere geprägt sein. Wir tun gut daran, die Worte in Sprüche 25,20 zu beherzigen: „Wer einem missmutigen Herzen Lieder singt, das ist wie wenn einer das Kleid ablegt an einem kalten Tag und wie Essig auf Lauge."

Es gibt auch den gönnerhaften Lobpreis-Enthusiasten, auf den in Sprüche 27,14 hingewiesen wird. Seine dampfwalzenartige Frohnatur ist weder angenehm noch hilfreich: „Wenn einer seinen Nächsten des Morgens früh mit lauter Stimme segnet, so wird ihm das als Fluch gerechnet."

Ist ständiger Lobpreis praktikabel?

Die Frage ist noch offen, wie wir „ständigen Lobpreis" praktizieren können. Natürlich sind Verstand und Körper die meiste Zeit des Tages mit Arbeiten, Essen, Schlafen usw. beschäftigt und unsere Aufmerksamkeit ist durch die alltäglichen Dinge ganz in Anspruch genommen. So könnte man folgern, dass dauernder Lobpreis einfach nicht möglich ist – und nicht nur das: Wenn wir ständig unsere Unterhaltungen, Anrufe, Geschäftsbriefe, Mahlzeiten und Sonstiges mit einem „Halleluja" unterbrechen würden, könnten wir für unsere Mitmenschen reichlich albern wirken und viel Ärger verursachen.

Es gibt jedoch eine Ebene, auf der unser Lobpreis ständig stattfinden kann, nämlich die Ebene des Geistes. Unsere Anbetung geschieht „im Geist" (Joh. 4,23–24) wie auch auf der seelischen und körperlichen Ebene. Paulus sagt in 1. Korinther 14,15: „Ich will mit dem Geist beten, ich will aber auch mit dem Verstand beten; ich will mit dem Geist lobsingen, ich will aber auch mit dem Verstand lobsingen."

Durch den Heiligen Geist wurde unser Geist zum Leben und zur Wirksamkeit erweckt und deshalb ist es uns jetzt möglich, mit unserem Geist zu beten und zu preisen.

Ein Freund erzählte von folgender Erfahrung: „Einen Tag, nachdem ich zum ersten Mal in Sprachen gebetet hatte, fuhr ich mit dem Fahrrad zur Arbeit und dachte über einige Besorgungen nach, die ich auf dem Weg erledigen wollte. Nach einer Weile wurde mir bewusst, dass in der Zeit, in der mein Verstand sich auf die Einkaufsliste konzentrierte, mein Geist sich auf Gott richtete, indem ich ihn in meiner neuen Gebetssprache pries. Das bedeutete, dass etwas in mir auf zwei Ebenen gleichzeitig geschah. Plötzlich verstand ich, was Paulus mit dem fortwährenden Lobpreis gemeint hat. So kam es also, dass ich an meine Einkäufe dachte und Gott zur gleichen Zeit lobte! Über diese Entdeckung war ich so aufgeregt, dass ich beinahe vom Fahrrad gefallen wäre!"

Wenn wir bewusst unsere Aufmerksamkeit auf Gott lenken, mitten im Getriebe des alltäglichen Lebens, öffnen wir uns für den Heiligen Geist, sodass er unseren Verstand umgehen und eine ununterbrochene Verbindung mit dem Vater aufrechterhalten kann.

Den Motor im Leerlauf halten

Es ist klar, dass die Gabe des Sprachengebets in erster Linie der persönlichen Erbauung des Gläubigen dient (es sei denn, sie wird zusammen mit der Gabe der Auslegung gebraucht) und einen praktischen Weg eröffnet, Gott ständig zu loben. Durch Übung ist es möglich, sich diesen fortwährenden Lobpreis anzugewöhnen (wenn andere dabei sind, natürlich leise!). Es ist einem Motor im Leerlauf vergleichbar. Man wartet mit „laufendem Motor“, bis sich die Gelegenheit ergibt, ein Lied anzustimmen – dann können wir „Gas geben“ und die Fahrt geht los!

Paulus deutet an, dass nicht jeder diese Gabe hat, aber als Mitglieder in Gottes Familie haben wir alle einen wieder geborenen, aktiven Geist. Mit ihm können wir durch die Wirkung des Heiligen Geistes „Abba, Vater“ rufen. Wir sehnen uns ständig nach Gemeinschaft mit ihm, egal, ob unser Körper arbeitet oder schläft, sich erholt oder ebenfalls anbetet.

Gott freut sich auch an unserem öffentlichen Lobpreis. In Psalm 18,50 heißt es: „Darum will ich dich preisen unter den Völkern, o Herr, und deinem Namen lobsingen.“ Lobpreis kann eine evangelistische Wirkung haben, wie in Psalm 40,4 beschrieben: „Er gab mir ein neues Lied in den Mund, einen Lobgesang auf unseren Gott. Viele werden es schauen, werden erschauern und Vertrauen fassen zum Herrn.“ Und in Psalm 40,10–11 macht David klar, dass die Wahrheit über Gott nicht geheim gehalten werden soll: „Ich verkündigte Heil in großer Gemeinde, ja, ich verschloss nicht meine Lippen, Herr, du weißt es. Deine Gerechtigkeit verbarg ich nicht im Herzen, ich redete von deiner treuen Hilfe; ich verhehlte nicht deine Güte und Treue vor der großen Gemeinde."

Lobpreis ist eine Möglichkeit, die Realität Gottes in unserem Leben zu zeigen und sein Wesen und seine Taten in der Welt bekannt zu machen.

Dabei sein

Sie schauen zum Fenster hinaus; der kalte, dunkle Abend bricht herein. Es regnet. Und nicht nur das: Das Auto ist in der Reparatur und Sie müssen das Fahrrad nehmen – falls Sie sich überhaupt aufmachen. Vergangene Woche waren Sie enttäuscht, heute sind Sie müde. Die Heizung tut ihren Dienst und in Ihnen macht sich ein warmes, schläfriges Gefühl breit. Gehen oder nicht gehen, das ist hier die Frage. Die Versammlung beginnt in zwanzig Minuten und man braucht zehn Minuten, um hinzukommen. Ach nein, auch noch mit dem Fahrrad! Dann braucht man mindestens zwanzig. Ihr Pflichtbewusstsein siegt und Sie suchen die Hosenklammern. Während Sie zur Tür hinausstürzen, treten Sie noch versehentlich den Hund und dann geht es raus in den feuchten, kalten Winter. Während Sie wild in die Pedale treten, schwirrt ein Wirrwarr von Gedanken durch Ihren Kopf: „Warum habe ich das Auto nicht einen Tag früher in die Reparatur gebracht, dann bräuchte ich heute Abend nicht mit dem Fahrrad zu fahren – ich hoffe, es lohnt sich wenigstens – das letzte Treffen war enttäuschend – ich muss endlich das Badezimmer tapezieren – die Telefonrechnung war ein ziemlicher Schock – geht es jetzt schneller durch das Wäldchen oder ist der Hügel hier steiler? – der neue Vorgesetzte kommt mir vor, als wäre er ein launischer Typ – ich werde vorsichtig mit ihm umgehen."

Sie kommen an, keuchend, tropfnass und zu spät. Ungefähr eine halbe Stunde später beginnen Sie gerade, in eine zumindest mittelmäßige seelische Verfassung zu gelangen und an der Anbetung teilzunehmen. Leider endet sie in diesem Moment und der Leiter steht auf, um zu predigen. O nein! Am Schluss scheint es, dass die kalte Feuchtigkeit nicht nur Ihre Socken, sondern auch Ihre Seele durchdrungen hat und Sie wollen nur noch nach Hause in die Wärme, bevor irgendjemand Sie noch über Ihren Zustand ausfragen kann ...

Viele Christen kommen in solch einer seelischen Verfassung per Bruchlandung zum Anbetungstreffen. Dabei wäre das gar nicht nötig: Auch wenn wir in Eile sind, haben wir doch eine Menge Möglichkeiten, uns auf die Gegenwart Gottes vorzubereiten. Indem wir uns persönlich vorbereiten, können wir die gemeinsame Anbetung entscheidend beeinflussen. Im Prinzip sollte die Anbetung eine Fortsetzung unseres täglichen Zusammenseins mit Gott sein, das von Dankbarkeit und Lobpreis geprägt ist. Andernfalls werden wir oft das Eintreten in Gottes Gegenwart als schwierigen Schritt aus unserer geistlichen Trägheit heraus empfinden.

Anstatt plötzlich aus dem Halbdunkel in ein helles Licht treten zu müssen, wo wir geblendet werden und nicht mehr scharf sehen können, sollte jeder von uns mit seinem eigenen Licht kommen, das schon hell brennt. So entsteht noch größere Helligkeit, an der wir uns freuen können und an der Gott sich freut.

Richard Foster sagt: „Der erste Zugang zur Anbetung besteht darin, alle menschlich angebahnten Aktivitäten zum Erliegen zu bringen ... Wir sollen fortwährend in einer hörenden Stille leben, sodass unsere Worte und Handlungen ihren Ursprung in Gott haben. Wenn wir es gewohnt sind, die Geschäfte unseres Lebens in menschlicher Stärke und Weisheit durchzuführen, werden wir das Gleiche bei der Anbetung in einer Versammlung tun. Wenn wir jedoch die Gewohnheit gepflegt haben, jedes Gespräch, jede geschäftliche Tätigkeit von Gott inspirieren zu lassen, dann wird die gleiche Empfindsamkeit in die öffentliche Anbetung hinein fließen" (aus: „Nachfolge feiern"). Wenn wir dieses Ziel vor Augen haben, können wir uns auf die Gemeinschaft mit unseren Mitchristen auf ganz verschiedene Weise vorbereiten.

Was habe ich bekommen – wie war ich?

Lassen Sie uns mit unserer Einstellung gegenüber der Anbetung beginnen. In unserer von Konsum beherrschten Gesellschaft verhalten wir uns sogar bei der Anbetung meist konsumorientiert. Gedankenlos kommen wir daher, betrachten die ausgestellten Waren und nehmen, was uns gefällt. Wir gehen wieder fort und beschweren uns: „Na ja, mir hat es nicht viel gebracht." Beim Mittag- oder Abendessen bewerten wir dann den „Auftritt" des Pastors oder der Leiter: „Gebratenen Prediger" gibt es fast überall auf der Welt sonntags zum Mittagessen. Uns kommt es darauf an, ob die Veranstaltung nach unserem eigenen Geschmack war und inwieweit auf unsere Bedürfnisse eingegangen wurde. Die Leiter beschäftigen sich oft ausschließlich damit, wie gut sie waren oder auch nicht, ob sie gefallen oder missfallen haben. Natürlich sind solche Gedanken Teil unserer menschlichen Natur, aber wir sollten sie nicht den Wert unserer Anbetung kontrollieren lassen.

Erstens dient es nicht unserem eigenen Vorteil, dass wir teilnehmen, sondern wir beten unseren Gott an. Ihm wollen wir – gemeinsam mit seinen anderen geliebten Kindern – danken und ihm Freude bereiten. Unsere Frage sollte sein: „Herr, was würde dir bei unserer Anbetung Freude machen; wie kann ich dir dienen und dich ehren?"

Daraus entspringt der zweite Grund für unser Zusammenkommen: dass wir zusammen sind, um uns gegenseitig aufzubauen. Wir sollten fragen: „Herr, wie kann ich meinen Brüdern und Schwestern hier dienen? Gibt es einen Menschen, der meine Freundschaft, Ermutigung oder ein bestimmtes Geschenk braucht?"

Und wie bewerten wir uns selbst? Wir sollten sicher nicht unsere eigenen Bedürfnisse ignorieren und so tun, als wären sie nicht vorhanden. Das Prinzip, das hier zutrifft, wurde uns von Jesus selbst in Lukas 6,38 gegeben: „Gebet, so wird euch gegeben werden! Ein gutes, vollgedrücktes, gerütteltes, überfließendes Maß wird man in euren Schoß geben. Denn mit welchem Maß ihr messt, mit dem wird euch wieder gemessen werden."

Wenn es uns ein Anliegen ist, Gott zu gefallen und uns um die gegenseitigen Bedürfnisse zu kümmern, verheißt uns Gott, dass er sich im Gegenzug um unsere Bedürfnisse kümmern wird. Gib und es wird dir gegeben werden. Viele empfinden Anbetung als leer und langweilig - liegt das vielleicht an unserer Konsumhaltung?

Geistliches Aufwärmtraining

Wenn wir uns entschlossen haben, als Gebende zu kommen, was können wir dann praktisch tun, um uns selbst vorzubereiten? Der Pantomimenkünstler Geoffrey Stevenson, mit dem ich oft zusammenarbeite, hat es sich zur Gewohnheit gemacht, sich eine halbe Stunde vor seinem Auftritt mit gymnastischen Übungen vorzubereiten. Jeder, der körperliche Geschicklichkeit braucht, tut das, um Konzentration und körperliche Koordinationsfähigkeit zu erlangen. Ähnlich müssen wir oft an unserer geistlichen Gewandtheit arbeiten, bevor wir darin richtig leistungsfähig sind; und dazu ist die Zeit direkt vor der gemeinschaftlichen Anbetung entscheidend. Die meisten von uns führen ein sehr geschäftiges Leben; aber trotzdem können wir uns dazu entschließen, geistlich und geistig gewandt zu werden. Das kann sogar geschehen, wenn wir unterwegs zur Versammlung sind, sei es zu Fuß, mit dem Fahrrad oder Auto. Sicher ist es noch effektiver, zu Hause fünf oder zehn Minuten dafür zu reservieren, aber „mobile“ Vorbereitung ist besser als gar keine.

Hier sind einige Vorschläge für ein geistliches „Aufwärmtraining“:

1. Sortieren Sie die Erlebnisse des Tages; Ängste, Sorgen, Sünden, Ärger – alles muss zum Kreuz gebracht und dort abgegeben werden. Beten Sie, dass der Herr Ihnen bei den Problemen hilft, die Sie noch beschäftigen, vielleicht auch durch die bevorstehende Gemeinschaft mit anderen Christen. Entspannen Sie sich einige Augenblicke und danken Sie für die Vergebung und Annahme, die Sie in Christus haben.
2. Stimmen Sie sich auf den Herrn ein; stellen Sie sich bildlich vor, wie Sie in seine Gegenwart treten. Fragen Sie ihn, ob es irgendwelche Hindernisse gibt, die noch im Weg stehen. Fragen Sie, was ihm während der Anbetungszeit Freude bereiten könnte.
3. Aktivieren Sie Ihren Geist, zum Beispiel durch Singen, Danken, Preisen, Sprachengebet oder -gesang. (Ich finde dies besonders hilfreich, wenn meine Gedanken überall sind, nur nicht da, wo ich sie eigentlich haben will!) Vielleicht kommen Ihnen Lieder, Bibelstellen und inspirierte Gedanken in den Sinn, die später in der Versammlung wichtig werden können, also behalten Sie sie im Gedächtnis!
4. Beten Sie für einen oder zwei andere Menschen, die dort sein werden und stellen Sie sich dem Herrn zur Verfügung, um den anderen zu begegnen. Beten Sie für die Leiter des Treffens. Erwarten Sie, dass Sie so geführt werden, für etwas Spezielles zu beten, wie der Herr es wünscht.
5. Denken Sie kurz über einen Bibelvers nach; die Psalmen sind besonders hilfreich, um uns auf die Anbetung vorzubereiten.

6. Gehen Sie in der Erwartung, dass Gott sich selbst zu erkennen gibt. Erinnern Sie sich an seine Verheißungen und an sein Verlangen, seine Liebe auf sein Volk auszugießen.

Es ist auch hilfreich, ein paar Minuten früher anzukommen. Beobachten Sie, hören Sie hin und versuchen Sie zu erspüren, womit Sie Gott und den Menschen um Sie herum etwas geben können. Vielleicht sehen Sie ein besorgtes Gesicht oder Sie erinnern sich, dass Sie vergessen haben, sich bei jemandem zu bedanken; vielleicht können Sie jemanden ermutigen, der sich in einer schwierigen Situation befindet. Es wirkt sich sehr positiv auf die Atmosphäre aus, wenn wir uns bemühen, die anderen zu begrüßen oder zumindest Augenkontakt zu unseren Mitanbetern herzustellen, denn wir sind ja als ein Leib zusammengekommen.

Ich selbst bin eher ein verschlossener Typ und so empfinde ich das manchmal als sehr anstrengend; aber es ist eine der besten Möglichkeiten, die Türen unserer kleinen Glaskästen zu öffnen und uns bereit zu machen, die gleiche geistliche „Frischluft" zu atmen.

Während des Verlaufs der Veranstaltung gibt es verschiedene hilfreiche Methoden, die den Lobpreis und gegenseitige Auferbauung fördern. Die folgenden Vorschläge gelten für eine Gemeindesituation, in der Beiträge aus dem „Publikum" entgegengenommen werden. Einige sind aber auch in einem formelleren Rahmen hilfreich.

1. Geben Sie sich selbst in der Anbetung hin. Fassen Sie den Entschluss: „Ich will den Herrn preisen." Wenn Ihr Herz schwer ist, sagen Sie ihm das. Kommen Sie, wie Sie sind. Danken Sie Gott für seine Treue und Liebe und seien Sie offen für seine Freude! Lernen Sie, Ihren Kummer wie Ihre Freude mitzubringen; das kostet zwar einiges, aber solche Opfergaben sind für Gott von ungeheurem Wert.
2. Hören Sie ständig auf Gott! Wenn äußerliche oder innere

Ablenkung aufkommt, bringen Sie sie in Ihrem Herzen vor Gott.

3. Hören Sie zu und geben Sie anderen Raum. Manchmal sind wir so gefangen in dem, was wir selbst denken, fühlen, singen wollen, prophetisch reden usw., dass wir die Beiträge der anderen ignorieren.
4. „Eifert aber nach den Gaben des Geistes" (1. Kor. 14,1). Es ist eine allgemeine Regel, dass wir, wenn wir den Gaben des Geistes gegenüber gleichgültig sind (was auch bedeuten kann, dass wir denen gegenüber gleichgültig sind, die um uns herum in Not sind), wahrscheinlich auch keine empfangen werden.
5. Prüfen Sie, was Sie hören (siehe 1. Kor. 14,29, 1. Thess. 5,21). Wenn Sie alles Gesagte blind akzeptieren, schleichen sich schnell Irrtümer und Verwirrung ein. Prüfen Sie anhand Ihres inneren Friedens und Ihrer Bibelkenntnisse, ob die Beiträge von Gott sind. Oft gibt Gott den Leitern eine besondere Gabe der Unterscheidung für diese Dinge.
6. Teilen Sie Gedanken, Worte, Bilder, Gefühle, Lieder usw. mit, von denen Sie empfinden, dass sie in Ihrem Bewusstsein durch den Heiligen Geist bestätigt sind und zur betreffenden Zeit mitgeteilt werden sollen. (Lassen Sie hier Weisheit walten, denn manche Dinge sollten besser nur privat ausgesprochen werden.) Hüten Sie sich vor Ihrem persönlichen geistigen Trott, wie bestimmten Liedern, Gedanken, Versen usw., die Ihnen immer im Kopf herumgehen. Das kann zum Beispiel dadurch geschehen, dass man mit einem bestimmten Raum oder einer bestimmten Atmosphäre auch ein ganz bestimmtes Lied assoziiert. Haben Sie andererseits jedoch keine Angst vor Fehlern; es ist besser, etwas beizutragen und dabei einen Fehler zu machen, als sich vor lauter Angst abzukapseln. Wir sollten eine Atmosphäre von Vertrauen und Annahme herstellen, wo keiner Angst haben muss, ein „Anfänger"-Schild verpasst zu bekommen.
7. Werden Sie aktiv. Oft gibt Gott bestimmte Impulse

während des Treffens, zum Beispiel ein Gebetsanliegen. Es ist erstaunlich, wie schnell wir oft zum nächsten Punkt unserer Tagesordnung übergehen, anstatt diesen Impuls sofort aufzugreifen und zur Tat zu schreiten. Nehmen Sie die Stimme Gottes in der gemeinschaftlichen Anbetung nicht so wahr wie das Hintergrundgedudel im Supermarkt, das nur ganz am Rande in unser Bewusstsein dringt, aber nicht ernst genommen wird. Reagieren Sie lieber auf das Reden Gottes so, als ob Sie eine dringende Durchsage der Polizei hörten; seien Sie bereit, aufgrund des Gehörten sofort zu handeln. Sie sind in einer großen Mission unterwegs und können es sich nicht leisten, wichtige Informationen zu ignorieren. Andererseits: Bleiben Sie entspannt und bedenken Sie, dass die Gegenwart Gottes ein Ort der Ruhe und Freude ist, wo es oft auch lustig zugehen kann und viel gelacht wird.

Harte Arbeit

Was ich über persönliche Disziplin bei der Anbetung gesagt habe, ist sehr einfach und praktikabel für die, die Gott gefallen und den Leib Christi aufbauen wollen. Doch sind wir durch eingespielte Verhaltensmuster wie Faulheit, Egoismus, Kritik usw. so sehr geprägt, dass es uns oft unglaublich schwer fällt zu geben. Trotzdem ist es die Mühe wert. Stellen Sie sich vor, wie effektiv wir sind, wenn wir als Anbeter alle eine solche gebende Haltung haben! Mit diesem Potential können wir Gott gefallen und seine Gemeinde aufbauen.

Kapitel 16

Wie kommen wir dahin?

Maurice Smith berichtete, wie er mit seiner Frau unterwegs zu einer Hochzeit war und im Londoner Sackgassen- und Einbahnstraßengewirr verloren ging. Sie hielten an einem Straßencafé und fragten drei ältere Herren nach dem Weg. Nach langen Diskussionen untereinander sagte schließlich einer von ihnen: „Von hier aus können Sie da eigentlich *gar nicht* hinkommen!"

Vielen Christen geht es ähnlich, wenn sie als Nachfolger Jesu zwar ein Ziel für ihre Anbetung haben, aber den Weg nicht kennen. Sie sind voller Enthusiasmus losgegangen und plötzlich finden sie sich vor einem Berg unvorhergesehener Probleme wieder. Manchmal könnte man zu dem Schluss kommen, dass es wohl von dem momentanen Ort aus einfach keinen Weg zum gewünschten Ziel gibt!

Gerade wenn der Traum von erneuerter Anbetung noch frisch und lebendig ist, stürmt man in seine Kirche und . . . die Vision zerplatzt angesichts der traurigen Realität wie eine Seifenblase. „Keine Chance", scheint sie zu sagen, „von hier kommst du niemals zu deinem Wunschziel."

Aber es gibt nun einmal nur dieses „Hier", um anzufangen, und egal, ob als Einzelner oder als Gemeinschaft, wir müssen uns damit abfinden, dass Gott uns gerade an diesen Platz gestellt hat und glauben, dass er uns auch den Weg zu neuen geistlichen Abenteuern zeigen wird.

Dieses Kapitel soll praktische Hilfestellung geben, um von „hier" zu starten und die richtige Richtung einzuschlagen. Natürlich gibt es weder eine Formel noch ganz bestimmte Methoden, die einen Erfolg garantieren könnten. Gott sei Dank, dass das nicht der Fall ist! Es gibt kein Rezeptbuch: „Wie werden wir eine perfekt anbetende Gemeinde?" Noch nicht einmal das Neue Testament zeigt uns ein bestimmtes Muster für Anbetung. Gott handelt mit jedem Menschen und in jeder Gemeinde einmalig, und unter der Leitung des Heiligen Geistes werden wir die Bibel für unsere individuelle Situation verwenden können. Dieser Weg ist ein Glaubensweg in unbekannte Gebiete, keine Museumsführung.

Anbeter sein

Schauen wir uns zuerst einmal an, was jeder Einzelne tun kann, um ein echter Anbeter zu werden. (Diese Punkte sind im Blick auf die vorhergehenden Kapitel geschrieben, besonders Kapitel 15.)

1. Entscheiden Sie sich zur Anbetung

Wahre Anbetung ist ein freiwilliges Einbringen unserer selbst, also kann es kein anderer für Sie tun. Andere können Sie vielleicht lehren und ermutigen, aber letzten Endes müssen Sie sich dazu entscheiden. Und zwar ganz egal, wie es den Menschen um uns herum geht: Jeder Einzelne ist verantwortlich für seine Anbetungsgabe an Gott – wenn andere nicht anbeten, kann das keine Entschuldigung für uns sein.

2. Überprüfen Sie die Quelle

Wie wir bereits gesehen haben, ist der Ursprung der Anbetung der Heilige Geist selbst – er wirkt in uns wie eine sprudelnde Quelle. Wenn Sie nie erlebt haben, wie der Heilige Geist in Ihnen freigesetzt wurde, werden Sie nicht wissen, was es heißt, die göttliche Quelle anzuzapfen – und so wird der Strom der Anbetung schnell versiegen. Die Gabe des Heiligen Geistes in all seiner Kraft und Fülle ist das Geburtsrecht eines jeden Gläubigen in Christus, deshalb kommen Sie doch und bitten Sie darum! Jesus sagte in Lukas 11,13: „Wenn nun ihr, die ihr böse seid, euren Kindern gute Gaben zu geben wißt, wie viel mehr wird der Vater im Himmel den Heiligen Geist denen geben, die ihn bitten."

Mag sein, dass Sie, genau wie ich, Probleme haben, einfach etwas zu empfangen. Dann suchen Sie Rat und Gebet. So viele von uns sind schon seit Jahren wieder geboren, aber sie haben nie diesen Teil ihres Geburtsrechts in Anspruch genommen. Nun stehen sie denen überrascht und unsicher gegenüber, die offensichtlich innerlich überfließen.

3. Bleiben Sie gefüllt mit dem Heiligen Geist

In Epheser 5,18 wird uns befohlen: „Seid/werdet voll Geistes." Die grammatische Form, die Paulus hier verwendet, ist die Verlaufsform, d. h. wörtlich: „Seid ständig gefüllt mit dem Heiligen Geist". Es reicht nicht, dass wir uns auf einer Anfangserfahrung ausruhen und uns bei Bedarf etwas Nachschub holen, so als ob wir einen Becher in einem Eimer Wasser auffüllen. Das göttliche Quellwasser muss immer frisch sein. So müssen wir lernen, Gottes Geist ständig in uns fließen zu lassen – durch Gehorsam, Liebe, gute Taten, Danksagung und Lobpreis.

4. Üben Sie für sich allein

Vielleicht kennen Sie das: Sobald jemand dem Lobpreis an Gott allzu offen Ausdruck verleiht, wird er in der Gemeinde mit einem Stirnrunzeln bedacht. Falls Sie in so einer Situation sind, nehmen Sie sich die Freiheit zur Anbetung in Ihrer Privatsphäre! Ob wir uns imSchlafzimmer einschließen, die Einsamkeit im Wald suchen oder mit dem Auto spazieren fahren – jeder von uns kann Zeit für sich allein finden, um zu singen, zu tanzen, laut zu beten und der Dankbarkeit und Freude Gott gegenüber Ausdruck zu verleihen, ohne dass jemand anders dadurch ein Trauma davonträgt. Ganz abgesehen davon ist es oft leichter, persönliche Hemmungen abzubauen und neue Formen der Anbetung erst einmal privat auszuprobieren.

5. Anbetung mit anderen

Noch besser wäre es, wenn wir in kleinen Gebetsgruppen, Hauskreisen usw. Gelegenheit hätten, mit Menschen Neues auszuprobieren, die das gleiche Anliegen haben und bei denen wir uns sicher fühlen können. Individuelle Anbetung ist wichtig, aber richtig spannend wird es erst mit anderen, wie bei dem Sportler, der zwar allein im Hinterhof trainiert, aber das eigentliche Spiel erst in seinem Team erlebt.

6. Alte Gewohnheiten ersetzen

Stellen Sie sich vor, Sie würden sich entschließen, jeden Anlass, bei dem Sie sich bisher beschwert hätten oder negative Gedanken hegten, stattdessen für Dank und Lobpreis zu nutzen! Sie wären auf dem besten Weg, Ihr tägliches Leben in Anbetung zu verbringen. Alte Gewohnheiten sterben gewöhnlich nur, wenn wir sie durch neue ersetzen. Zwar bekommen wir die Kraft zur Veränderung von Gott, aber die Entscheidung dazu fällen wir selbst. Wenn wir Gewohnheiten ändern wollen, kann es gut sein, dass wir diese Wahl hundertmal am Tag neu treffen müssen, bis wir Erfolg haben.

Gemeinsam zum Ziel

Wenn wir in unserer Anbetung weiterkommen wollen, müssen wir mit Veränderungen rechnen. Veränderungen bringen Konflikte mit sich und vor beidem haben wir Angst. Wenn wir jedoch Konflikte und Veränderung vermeiden wollen, dann müssen wir auch Christus ausweichen, denn sein Reich kann nur wachsen, wenn sich Menschen radikal verändern lassen, um zu werden wie er. Je stärker es sich ausbreitet, desto mehr wird es mit rivalisierenden Reichen in Konflikt geraten, ob es nun menschliche Reiche oder satanische sind. Ganzheitliche Anbetung, wie ich sie in diesem Buch zu beschreiben versuche, ist eine zugleich wunderbare und gefährliche Sache.

Echte Anbetung wird mehr von Jesu Charakter offenbaren, der in der Bibel sowohl als Löwe als auch als Lamm beschrieben wird. Wenn wir uns um echte Anbetung bemühen, werden wir ihn in all seinen Schattierungen erleben – manchmal in Sanftheit und manchmal in seiner ganzen Macht. Wir müssen heute wieder aus erster Hand erleben, wie Ehrfurcht gebietend Jesu Kraft und Majestät ist. Juda bedeutet eigentlich „Lobpreis": So ist Jesus buchstäblich der Löwe des Lobpreises und gleichzeitig das Opferlamm, das zur Schlachtbank geführt wurde.

Letztendlich ist die Hauptfrage bei unserem Streben nach echter Anbetung, ob wir gewillt sind, diesen Jesus als unseren König zu akzeptieren oder nicht. Wenn wir das tatsächlich wollen, dann haben wir die Reise bereits begonnen.

Einige Leitlinien

Zehntausende von Christen befinden sich entweder manövrierunfähig in einer Sackgasse der Gleichgültigkeit oder sie sind in einem Strudel unterschiedlicher Traditionen, Glaubensauffassungen und Meinungen gefangen, wenn es um Anbetung geht: Man muss natürlich darüber diskutieren, wie Anbetung zu sein hat und in welcher Form sie praktiziert werden soll. Es gibt jedoch bestimmte Prinzipien, die entscheidenden Einfluss darauf haben, ob wir gemeinsam ans Ziel gelangen oder uns schon auf dem Weg entzweien.

Wie ich schon sagte, ist es unmöglich, reiche Anbetung aus verarmten Herzen hervorzubringen. Wir müssen deshalb darauf achten, dass wir nicht Äußerlichkeiten ändern, bevor die Menschen ihre inneren Erfahrungen mit Gott erneuert haben. Anbetung sollte sich gleichzeitig mit geistlichem Wachstum entwickeln, denn in einer geistlich toten Situation nützen die besten und neuesten Methoden nichts.

Erst kürzlich nahm ich an einem begeisternden Anbetungsgottesdienst teil. Eine Frau erzählte mir, wie sie acht Jahre lang für ein erneuertes Anbetungsleben in der Gemeinde gebetet hatte, bevor sich tatsächlich etwas veränderte. Eine so fröhliche Anbetung wie jetzt wäre damals in dieser Gemeinde undenkbar gewesen.

Ich bin sicher, dass viele noch viel länger gebetet haben und immer noch dabei sind – aber wie viele von uns haben auch schon nach ein oder zwei Jahren aufgegeben?

In einer anderen Gemeinde war es der Organist, der alle Veränderung strikt ablehnte. Die Mitglieder mussten sieben Jahre geduldig warten, bis er seinen Job aufgab. Während dieser Zeit erlebte die Gemeinde viel Erneuerung, doch wollten sie geduldig und liebevoll mit ihrem Musiker umgehen in der Hoffnung, dass auch er Anteil an dem bekommen würde, was Gott unter ihnen tat. Aber eines Tages ging er und kam nie wieder. In der Zwischenzeit hatte Gottes Geist die Gemeinschaft tief angerührt, sodass mit der neuen Freiheit auch eine große Reife da war, in der sie weise ihre neuen Möglichkeiten nutzten.

Die Frucht des Geistes ist . . . Geduld

„Anbeten in Geist und Wahrheit" zu lernen, braucht Zeit. Aber es gibt auch eine Grenze. Wir können nicht ewig darauf warten, dass eine Gruppe Gläubiger bereit und fähig dazu wird – in manchen Gemeinden hat man den Eindruck, dass an dieser Stelle gar nichts vorangeht. Die Frage, wie lange wir warten sollten, kann nicht generell beantwortet werden. Auch wenn Gott nach einem offiziellen Zeitplan arbeiten würde – ich fürchte, die meisten von uns würden immer noch den richtigen Zug verpassen! Wir sollten bedenken, dass jede Gemeinde zwar Teil seines großen Plans, aber trotzdem einzigartig gestaltet ist. Je näher wir ihm sind und je besser wir auf ihn hören, desto mehr werden wir fähig, seinem Zeitplan zu folgen.

Natürlich wäre es auch möglich, etwas aus eigener Motivation und sogar aus Ungeduld und Aggression heraus aufzubauen. Aber es ist doch ein großer Unterschied, ob wir Holz, Heu und Stroh (1. Kor. 3,12) zusammenkratzen und eine Hütte daraus bauen oder ob wir Gold als Baumaterial verwenden.

Gold ist ein kostbarer Schatz, den wir nur mit Hingabe und Geduld finden können. Mit solch geistlichem „Gold" baut Jesus seine Gemeinde. Wir sollten allerdings darauf achten, Geduld nicht mit Apathie oder Festgefahrensein zu verwechseln. Geduld ist eine Qualität, die vom Geist Gottes auf uns überfließt. Wenn wir also in einer Situation geduldig auf das Eingreifen unseres Herrn vertrauen, dann sind wir ganz natürlich im Einklang mit seinem Willen.

Mal ehrlich – welche Motive haben Sie?

Wenn wir auf unserem Weg zu neuer Anbetung Schmerz und Trennung vermeiden wollen, brauchen wir die richtige Motivation. Seien wir ehrlich uns selbst gegenüber und achten wir auf falsche Herzenshaltungen! Überlegen Sie einmal: Welche Rolle spielen Sie, wenn Sie von neuen Anbetungsformen in Ihrer Gemeinde träumen? Sind Sie ein großer Held oder zumindest jemand, der einen guten Teil des Lohnes erhält? Sehen Sie sich als Sieger über Ihre Gegner und Rivalen, die sich beschämt und demütig vor Ihnen beugen müssen? Oder stellen Sie sich vor, wie die sturen „Bremser" ihren Rückzug antreten? Vielleicht machen Sie in Ihrem Geist auch schon Finanzierungspläne für Aufnahme und Vertrieb eigener, „hausgemachter" Anbetungslieder?

Keiner von uns ist gegen solche zwiespältigen Motive gefeit – auch ich habe oft ähnliche Tagträume! Aber zum Glück wartet Gott nicht, bis unsere Motive hundertprozentig lupenrein sind – denn sonst müsste er wohl ewig warten. Er nimmt uns, wie wir sind und führt uns immer weiter in einen Veränderungsprozess, in dessen Verlauf auch versteckte Unreinheiten an die Oberfläche kommen und beseitigt werden. Trotzdem ist es unerlässlich, dass unsere Hauptmotivation der Wunsch sein sollte, Gott zu ehren. Wenn wir Dinge verändern wollen, sollten wir sichergehen, dass wir als Instrument Gottes fungieren und nicht nur Staub aufwirbeln, ohne dass jemand etwas davon hat.

Wenn Gott Menschen für Veränderungen gebrauchen will, zieht er sie näher zu sich und pflanzt seine Ziele und seine Liebe in ihr Herz und Verhalten. Anbetung geschieht immer nah bei Gottes Herzen. In Jesaja 57,15 lesen wir: „Denn so spricht der Hohe und Erhabene, der ewig thront und dessen Name heilig ist: Ich wohne in der Höhe und im Heiligtum und bei denen, die zerschlagenen und demütigen Geistes sind."

Wenn wir an diesem heiligen Ort anbeten wollen, brauchen wir den demütigen Geist eines Dieners. Unsere Haltung muss ergeben sein, mitfühlend, empfindsam und liebevoll und doch mutig und von göttlicher Bestimmheit geprägt. Wir müssen Bitterkeit und Konkurrenzdenken ablegen und stattdessen wirklich Gottes Ehre suchen, ohne um Position und Einfluss zu kämpfen.

Lassen Sie nicht zu, dass Ihre Rolle in der Anbetung zu Ihrem „verlängerten Ego" wird. Denn nur, wenn wir uns ausschließlich um Gottes Interessen kümmern, können wir uns vor Ärger, Eifersucht und Unsicherheit schützen. Wenn Sie einen verantwortungsvollen Posten bekommen, betrachten Sie ihn als von Gott anvertraut und nicht als etwas, das Ihnen rechtmäßig zusteht. Als Gottes Diener haben Sie auch immer ein offenes Ohr, um auf ihn und auf andere zu hören.

„Aber ich kann doch unmöglich . . .“

Das Gegenteil des „verlängerten Egos“ ist das „verkümmerte Ego“. Ich glaube sogar, dass die Mehrheit von uns eher unter dem Zweiten leidet. In fast allen Gemeinden gibt es Menschen, die ihre Talente verstecken, meist aus mangelndem Selbstvertrauen. Sie fühlen sich, als hätten sie nur wenig zu bieten, und darum bringen sie noch nicht einmal dieses Wenige ein – sonst würden sie nämlich entdecken, dass es oft genug in Wirklichkeit eine richtig gute Sache ist! Ich denke, dass hier einer der wichtigsten Dienste in unseren Gemeinden liegt: Herauszufinden, wo sich Gaben verbergen, und die Menschen zu ermutigen, die sich einfach nicht bewusst sind, dass sie etwas zu geben haben.

Ungeduldig, wie wir sind, fällt es uns leichter, voranzueilen und nach unseren eigenen Plänen zu handeln als zu beten. Wir machen oft den Fehler, Gebet als Arbeitsunterbrechung anzusehen; es hindert uns daran, endlich ans Eigentliche zu gehen. Wahres Gebet jedoch unterbricht nur die Aktionen, die aus unserer Ungeduld, Frustration, aus Egoismus oder eigenen guten Absichten entstehen. Wenn wir beten, müssen wir innehalten und hinhören; wir überprüfen unsere Motive und erfahren, wie der Geist durch uns und andere für Gottes Anliegen betet. Gleichzeitig versuchen wir, Anzeichen für Gottes Handeln zu erkennen; wenn wir sehen, wie er unsere Gebete beantwortet, wird das Wesen seines einzigartigen Handelns unter uns deutlich.

Beten bedeutet, dass wir auf Gottes Wellenlänge umschalten; so können wir seine Pläne ausführen. Wir folgen der Strategie Gottes und die ist immer erfolgreich. Bei Konflikten mit anderen eröffnet uns das Gebet Gottes Perspektive und so werden wir immer mehr befähigt, seine Liebe, Geduld und sein Verständnis miteinander zu teilen. Außerdem werden wir mit unseren eigenen Vorurteilen und Fehlern konfrontiert. So lernen wir auch die Schwierigkeiten verstehen, die andere mit uns haben!

Wenn wir in Wahrheit anbeten, öffnen wir uns selbst ganz, wir werden wahrhaftig und ehrlich vor Gott und den anderen, können das ausdrücken, was in unserem Innersten vorgeht. Durch diese Art der Anbetung werden Barrieren abgebaut, wir machen uns verletzbar. Unter Fremden so zu handeln ist schwierig, denn wir müssen Missverständnisse, Vertrauensbrüche und Verletzungen befürchten. Wenn unsere Anbetung wachsen soll, ist es grundlegend wichtig, dass wir uns gegenseitig als ganz normale Menschen kennen lernen und ein Zusammengehörigkeitsgefühl entwickeln. So können wir auch verhindern, dass Menschen bestimmte Formen der Anbetung benutzen, um sich voreinander zu verstecken. Große Versammlungen sind natürlich nicht gerade der geeignete Rahmen, um Menschen persönlich kennen zu lernen. Besser ist es, Freundschaften aufzubauen, zum Beispiel indem man gemeinsamen Interessen nachgeht oder sich gegenseitig in praktischen Dingen hilft.

Wir sind gemeinsam unterwegs

Wo immer sich Christen auf der Reise zu erneuerter Anbetung befinden, wird es solche geben, die ungeduldig voranpreschen wollen. Andere legen einen gemäßigteren Gang ein und manche humpeln vielleicht langsam hinterher. Unsere Liebe untereinander wird deutlich, wenn wir unsere Schritte einander anpassen – die Eiligen halten manchmal inne, um die Langsameren zu ermutigen; die Kranken können sich an den Gesunden anlehnen, die Faulen raffen sich auf und legen einen Schritt zu.

Wollen wir als vereinter Leib in der Anbetung wachsen, wird uns dies unsere Unabhängigkeit kosten – sonst können wir die Reise nicht gemeinsam machen.

Anbetung gedeiht, wo Liebe herrscht.

Damit Anbetung gedeihen kann, müssen wir den Boden bereiten – wir müssen Liebe wachsen lassen. Anbetung ist wie eine wunderbare Blüte an einem fruchtbaren Baum, der tief in unserer gegenseitigen Liebe verwurzelt ist.

Es ist der Anbetung sehr dienlich, wenn unter uns eine Atmosphäre wie in einer großen Familie herrscht. Gleichzeitig sollten wir aber auch Anbetung in unseren eigentlichen Familien praktizieren. Wenn Kinder am Gottesdienst teilnehmen, sind die Anwesenden wesentlich entspannter und offener für neue Ideen und Veränderungen. Es lohnt sich, einmal darüber nachzudenken, ob die Art und Weise, wie wir unser neues Leben in Christus feiern, nicht oft viel zu abgehoben für die Kinder ist. Ist das der Fall, kann es auch gut sein, dass wir selbst nicht wie kleine Kinder vor Gott kommen, sondern als „coole", abgeklärte und steife Erwachsene.

Gehen Sie in Deckung!

Es gibt so viele unterschiedliche Auffassungen über Leitung und Praxis der Anbetung – dabei sagt die Bibel ganz klar, dass wir alle einander untertan sein sollen. In Epheser 5,21 lesen wir: „Seid einander untertan in der Furcht Christi!" Aus der Ehrerbietung Jesus gegenüber handeln wir. Er lebt in jedem von uns – im Einzelnen wie in der Gemeinde. Und obwohl unsere Meinungen, Charaktere und Persönlichkeiten sehr unterschiedlich sein mögen, müssen wir doch auf Jesu Stimme im anderen hören. Christus selbst unterstand Gottes Autorität und seine Unterhaltung mit dem römischen Hauptmann in Matthäus 8,9 deutet an, dass echte geistliche Autorität nur denen gegeben wird, die sich selbst einer höheren Autorität unterordnen. Gott wird uns keine Vollmacht anvertrauen, um Veränderungen herbeizuführen und sein Reich zu bauen, wenn wir als Einzelgänger nur unsere eigenen Interessen im Sinn haben.

Wir finden Sicherheit, wenn wir von der Liebe anderer Christen umgeben sind, die uns helfen, führen und beschützen wollen. Wenn diese Menschen dann auch noch die Gabe und Berufung zur Leiterschaft haben, stehen die Chancen gut, eine ganze Gemeinschaft weiter in die Anbetung hinein zu führen. Den Leitern gegenüber und auch bei den Leitern untereinander sollten Respekt, Vertrauen, Gespräch, Freundschaft, Demut und Flexibilität vorhanden sein, kurz gesagt: Es sollte Liebe herrschen.

Den Menschen dienen

Für die Leiter in der Anbetung ist es besonders wichtig, als Diener der Menschen zu handeln. Wir können in solch einer Position zwar nicht vermeiden, die Anbetung durch unseren eigenen Stil und Geschmack zu prägen, aber wir sollten darauf achten, ihn den anderen nicht aufzudrängen.

Anbetung sollte von jedem individuell ausgedrückt werden. Die vielen verschiedenen Menschen haben eben auch sehr unterschiedliche Geschmäcker und kulturelle Hintergründe. Der Dienst an diesen Menschen soll dazu führen, dass möglichst viele von ihnen befähigt werden, sich auf eine Art und Weise auszudrücken, mit der sie etwas anfangen können. Wir müssen den Alten wie den Jungen dienen, den Konservativen wie den Flippigen, denen, die in alten Traditionen erzogen wurden, wie denen, die die neuesten Anbetungshits singen.

Voraussetzung für Anbetung ist, dass die Menschen ein Herz dafür haben; dann kann Gott in großer kultureller und stilistischer Vielfalt gepriesen werden. Wir sollten aber auch darauf achten, dass die Mittel, mit denen wir anbeten, unser geistliches Leben in wirksamer Weise ausdrücken. Die Wahl von Stil, Musik und Ähnlichem hat einen großen Einfluss darauf, ob Menschen im Lobpreis eins werden oder auseinander driften.

Gott im Mittelpunkt

Vielleicht ist es für Sie selbstverständlich, dass Gott im Mittelpunkt stehen soll, denn allein darum geht es ja bei der Anbetung. Allerdings geraten wir leicht in die Gefahr, beim Nachdenken über neue Wege in der Anbetung die praktischen Fragen überzubetonen und Gott selbst zu vernachlässigen. Natürlich ist es wichtig, dass wir bestimmte Prinzipien und Techniken der Anbetung beachten. Aber nur durch eine göttliche Offenbarung wird echte Anbetung aus unseren Herzen zu fließen beginnen. Ein besonders wichtiges Prinzip finden wir in den Worten Jesu in Johannes 12,32: „Und wenn ich von der Erde erhöht bin, werde ich alle zu mir ziehen."

Wenn wir Gottes Wesen anschauen – wie er Mensch wurde und für uns am Kreuz starb –, werden wir wie von einem göttlichen Magneten zu ihm hingezogen.

Wir erkennen die Gnade Gottes auf verschiedenen Wegen – durch Predigten, die wir hören, durch das Studieren der Bibel und durch Zeugnisse unserer Geschwister. So wird in uns die Anbetung entfacht. Wenn wir Menschen auffordern anzubeten, dann sollten wir ihnen auch den Grund dazu vermitteln; wir sollten ihnen einen Gott zeigen, dessen Wesen und Taten den besten Lobpreis verdienen, den wir bringen können.

Von der Lebenskunst, Zeit für das Gebet zu haben

Allzu oft finden wir in der Hektik des Alltags nicht die Ruhe, um Gott in der Stille zu suchen. Auch Bill Hybels erging es so. Offen und ehrlich erzählt er, wie Gott ihm seinen Mangel an Glauben und seine Unbeständigkeit vor Augen und ihn dann beten lehrte.

Wenn auch Sie sich nach der Gegenwart Gottes in Ihrem Leben sehnen und lernen möchten zur Ruhe zu kommen, um ihm nah zu sein, dann wird Ihnen dieses lebensnahe Buch eine große Hilfe sein.

Bill Hybels
Aufbruch zur Stille
Paperback, 176 Seiten
Bestell-Nr. 657 248